日本型移民国家の創造

坂中英徳

東信堂

はしがき

移民政策一本の行政経験を生かし、移民法の制定、移民政策基本会議の設置、入管法の改正などの移民法制のあり方を含む、直ちに移民国家への移行可能な具体策を提案している。人口秩序の崩壊という緊急事態に対処するための実践的移民政策だと自負している。だが、移民政策について大方の国民の支持が得られたのかというと、実はまだそこまでは至っていない。

ただ、私の努力が功を奏し、一〇年前の移民賛成ゼロから今日の移民賛成五一％（二〇一五年四月の朝日新聞の世論調査）まで世論が動いた。あと一歩のところまできたと思うが、まだ乗り越えるべきハードルは高いと感じる。目だった移民反対論がないのは救いだが、総じて国民は移民受け入れ問題に無関心である。どうすればこの最後の壁を乗り越え、移民国家への道を確固たるものにすることができるか。

ひとえに移民政策のオピニオンリーダーたる私の力量にかかっている。移民の受け入れについて国民の理解を得るためさらに努力する必要がある。たとえば、移民立国の必要性と緊急性、移民法制の具体的内容、移民政策がもたらす経済効果などを国民によく説明しなければならない。そこでこのたび、移民政策論の決定版をめざして筆を執った。

私は四五年間、移民国家を創生するための理論構築にたゆまず努力し、誰もが不可能と考えていた移民鎖国体制をくつがえし、世界に冠たる移民国家制度の理論的基礎を確立した。二〇〇五年に法務省入国管理局を退職後は、移民政策研究所の所長として移民政策研究に専念し、数々の論文、著書を発刊した。

しかし、著作の形で発表した日本型移民政策の提言は、長年、国民の関心を呼ぶことはなかった。日本の歴史はじまって以来の革命的な移民政策を提唱しているのだから、国民の了解を得るのが容易でないことは痛いほどわかっている。

その一方で、私の立てた移民政策に違和感を覚えた日本人も多数いると思われるが、理論的反対論も感情的反発もほとんど見られない。各方面から袋だたきにあうと覚悟していたが、さいわいそういう目にあわずにすみそうだ。ヘイトスピーチ団体など移民反対派の活動も、国民の反発を買い、終息が近いと見ている。国民的規模での移民反対運動が起きる心配はないだろう。

さて、二〇一五年の夏を境に移民政策に対する国民の見方が変わった。たとえば、二〇代の若者の五〇％が移民の受け入れに賛成の読売新聞の世論調査、榊原定征経団連会長の移民受け入れの拡大を国に迫る発言など、時勢は移民の受け入れに傾いた。

近時、移民興国論の元祖である私へのメディアの取材がふえた。内外の記者は「坂中さんの移民政策を応援する」と熱く語る。また、講演で日本型移民国家構想について話す機会がふえた。聴衆の反応も上々である。私の話に真剣に耳を傾け、「このままでは日本が危ない。日本再生のため移民の受け入れを急ぐ必要がある」という感想を述べる人が多い。

そして、ここ二月三月で政治が大きく動いた。安倍内閣の有力閣僚が移民賛成の立場を鮮明にした。二〇一五年一一月八日の河野太郎行革担当大臣の移民受け入れ積極論と、同年一一月二四日の石破茂地方創生担当大臣の移民政策推進論である。政界きっての論客の正論に対して閣内不一致の批判は出なかった。自民党内からも野党からも批判は皆無だった。

長年にわたって政治の世界で移民政策を論じることはタブーとされてきたが、今だ政治家の出番であると判断した両雄が移民政策を推し進めるため立ち上がった。政界の禁忌が破られたので移民立国に向かう政治の動きが加速するだろう。

それにくわえて、二〇一六年一月二八日の参議院本会議における山口那津男公明党委員長の「シリア難民の子供の留学生としての受け入れ」の提案に対し、安倍晋三首相は「将来、その国を担う子供を受け入れる可能性について検討していく」と答えた。これは人道移民大国への道につながる画期的な答弁である。

以下は、最近の移民政策に関する情勢の新たな展開を踏まえての移民政策研究所長の見解である。

事柄の性質上、国民が移民の受け入れにもろ手を挙げて賛成するということにはならないかもしれないが、人口崩壊の問題に強い危機感を抱く国民の間で「移民を入れるしかない」という移民容認論が大勢を占めるに至り、国民の多数意見を参考に政府部内で検討を進めた結果、五〇年後の日本が一億の人口を維持する政策の中心に移民政策をすえる政府方針が固まり、大局的見地に立って時の内閣総理大臣が移民国家への歴史的転換を決断することになろう。

絶妙のタイミングで世に問う『日本型移民国家の創造』は、移民政策一筋の道を歩んだミスターイミグレーションの畢生の大作である。四〇年の論文人生の最後を飾る著作である。この本に日本型移民国家の創成において決定的な役割を演じ、世界の模範となる移民国家へ日本を導いた古典的文献として日本の歴史に残るだろう。

日本人の精神土壌に根ざした移民国家の理想像を描き、人類共同体社会の創造など二二世紀の人類社会のあり方を論じた移民政策論集が、今日も百年後も、日本と世界で活発に議論されることを願っている。

強靭な意志と身体を持つ子に産んでくれた坂中水江に新本を捧げる。

二〇一六年三月

坂中英徳

目次／日本型移民国家の創造

第10章　移民で日本全体が潤う……141

日本型移民国家の創造

第1章　二一世紀の人類像

(1)人類共同体思想は日本の精神風土のたまもの

日本型移民国家創成論のような日本の国家ビジョンが世界の注目を浴びるのは非常にめずらしいことではないか。世界の知識人は私の移民国家論のどの部分に最も関心が高いのだろうか。

外国の知識人と討論した結論をいえば、移民後進国の日本が、日本民族をはじめ世界の諸民族がうちとけて一つになる「人類共同体社会」の創造を提案している箇所ではないかと思う。たとえば、二〇一四年四月、私の講演を企画した南カリフォルニア大学日本宗教・文化研究センターのダンカン・ウイリアムズ所長は、移民国家・日本の未来像を描いた私の著作を読んで、「真の移民国家ビジョンを提示したもの」「和を尊ぶ日本の伝統的精神風土から生まれたもの」「ハイブリッドジャパンをめざすもの」と評価した。

ちなみに、ダンカン・ウイリアムズさん（四四）は日本生まれで、父が英国人、母が日本人のハイブリッドである。少年のころ日本の禅寺で修行を積んだ経験を有し、ハーバード大学で宗教学を専攻した日本仏教学の泰斗である。

さて、世界の移民政策の専門家は人類の多様性を強調し、多文化共生を目標に掲げる。それに対して私は人類の同一性を強調し、人種・民族・宗教のちがいを超えて人類が一つになる地球共同体の理念をうたう。日本型移民国家ビジョンは、人類未踏の多民族共生国家の創設、地球規模での人類共同体の創成、恒久的な世界平和体制の構築の三本柱からなる。二二世紀の新しい世界秩序の形成を視野に入れた、日本人のアニミズム的世界観から生まれた独創的な移民国家思想である。それは、一万五〇〇〇年も平和と安定が続いた縄文時代（狩猟・採集時代）に起源を有し、現代の日本人の心にも深く刻まれている「自然との一体感」および「平和の精神」のたまものである。

人類は多様な人種と民族と国民に分かれているが、そのおおもとは一つである。人類は生物分類学上は唯一のホモ・サピエンスに属している。人間の根の部分の文化と価値観は共通するところが大部分である。人種が異なっても、人類としてのアイデンティティを持ち、相互にコミュニケートでき、相互に共感し、相互に理解できる存在である。

文化を共通する種としての人類の本質に照らして考えると、日本が世界初の人類共同体の創造を国家目標に定めても、それは決して夢物語ではない。時間はかかっても、和の心の遺伝子を持つ国民が総力を挙げて取り組めば、実現の可能性があると考えている。

「人類は一つ。人種や民族のちがいはあっても同じ人間。文化や価値観のちがいはあってもごくわずか」という普遍的な人類像に基づき、学問としての移民政策学の発展に寄与したいという大望をいだいている。

⑵世界平和哲学の世界史的意義

民族や文化の異なる人と人との共和共存の前途は険しい。人類史の書をひもとけば、異なる民族間の戦争の歴史であったことは歴然としている。文明が進んだ二一世紀の世界でも、人類の本性ともいうべき民族と宗教の問題に起因する戦争・内乱・テロが頻発している。また、動物社会に見られる縄張り争いと、子孫を残すための生存闘争も、人類の本能として根強く残っている。

しかし、その一方で、平和を希求する心が人類のＤＮＡにインプットされているのも事実である。世界の人々の理性と平和を願う心が一つになり、世界平和体制をつくる夢が二二世紀中に実現することを願ってやまない。民族のちがいが主たる原因で人間の殺し合いがエスカレートし、人類を全滅させるようなことは絶対あってはならないとひたすら祈念するものである。

地球上で戦争が絶えない根本原因は、動物の中で人類のみが持っている民族精神と宗教心が厳然として存在すること、人類から枝分かれした諸民族が文化と宗教の優劣を競って戦争を繰り返すことにある。

民族と宗教の根底にある絶対主義的優越感と排他的性格を正さないかぎり、世界の恒久平和は永久に実現しない。以上のように人類史を理解するわたしは、民族学的思考と世界平和思想に基づき、以下のような仮説を立てた。

〈異なる民族と宗教に対する精神的な許容量が大きい日本人は、人類社会がかかえる民族対立と宗教対立の問題を超越する存在であって、永遠の世界平和に貢献する可能性の高い民族ではないか。地球上に存在するあらゆる物に神がやどると考える日本人は、すべての民族・宗教と公平につきあう稀有の民族であり、世界各地で燃え上がる民族感情と宗教感情を和の心でしずめ、民族問題と宗教問題を平和的に解決する能力をそなえているのではないか。〉

そのうえで、前述の南カリフォルニア大学主催の「日本の移民政策に関するシンポジウム」において、坂中移民国家論の根本理念と位置づけられる人類共同体論と世界平和哲学を世界の移民問題の専門家に披露した。「日本の移民国家ビジョン――人類共同体の創成に挑む」の課題で基調講演を行った。以下はそのさわりの部分である。

〈日本人は古来、人間はもとより動物、植物、鉱物など自然界に存在するあらゆる物と心を通わせ、自然に親しみ、そこに神が宿ると信じている。自然と自己を同一視する万物平等思想（アニミズムの自然観）を抱いている。それは人類を含む万物の共生につながる自然哲学である。万物の霊長の思い上がりを戒める日本人の叡智である。

八百万の神々を受け入れ、地球上に存在するすべての人種・民族はみな平等であると考える日本人こそが、人類の悲願である地球共同体を創造できるのではないか。〉

私の親友に敬虔なイスラム教徒がいる。二七年前に難民として日本に来たパキスタン人である。いま、東日本大震災の被災地に家族ともども移住し、支援活動に熱心に取り組んでいる。彼は多数の被災者の尊敬を集めている。

そのパキスタン人は坂中移民政策論の精髄というべき人類共同体思想の信奉者である。二〇一三年二月、彼を激励するため宮城県の被災地を訪れた際に、彼は人類共同体構想の世界史的意義を強調し、それは「多種多様な神様が仲むつまじく共存するアニミズムの宗教心が根底にある坂中さんの独創的研究の成果」と評価した。そのうえで人類共同体のアイディアの将来を予言した。

〈坂中さんの人類共同体の理念は世界中に広まり、世界平和体制の確立に貢献する。神の加護があるので近未来の地球社会で人類共同体が実現している。坂中さんは世界の人々に平和をもたらす救世主になる。〉

信仰心の篤いイスラム教徒が真剣な顔で「坂中英徳は世界の救世主」と熱をこめて語るのを聞いて驚いた。異国の神の助けがあって二二世紀には地球規模で人類共同体社会が形成されており、人類の悲願である世界平和が現実のものになっているという。

在日パキスタン人の予言が適中するかどうかは不透明である。ただ、日本人の和の精神が根本にある地球共同体思想と世界平和哲学が世界の人々の共感を呼び、世界の普遍的理念として二二世紀の地球社会で認められるという望みはかなえられるかもしれない。

⑶人類共同体・地球共同体・世界平和

人口が激減する五〇年後の日本は、世界有数の経済大国、軍事大国の地位は望むべくもない。そんな陳腐な国家目標に代えて、移民大国にふさわしい新国家理念を提案したい。

新日本文明は人類愛で世界のトップの座をめざしてはどうか。世界に先駆け、日本人と移民が協力し、日本列島の中に人類共同体をうちたてるのだ。それはとりもなおさず、唯一の戦争被爆国の日本が世界平和運動で先導役を務めることを意味する。

和の心がつまった日本型移民国家の究極の目標は、世界のすべての民族が和の精神で一つになる地球共同体の創造である。すなわち強固な世界平和体制の構築だ。

日本文化史が雄弁に物語るように、日本人は外国の文化や宗教を寛容の精神で受けとめ、日本独自のものに発展させてきた。たとえば華道や茶道に代表される日本文化は、先祖代々の日本人が、世界各地から渡来した文化を旺盛な好奇心で受け入れ、それを自分たちの好みに合うものに磨き上げた雑種文化の優等生である。移民の受け入れも、世界の人々に開かれた仏心を持つ日本人なら、成功をおさめるにちがいない。

以上に述べた移民国家の理想像と永遠の世界平和の夢を描いた著作が、このたび上梓する本書と、英語論文：『Japan as a Nation for Immigrants』（移民政策研究所、二〇一五年）である。この二つの著書の発刊を機に、移民国家のあるべき姿について内外の知識人の間で議論が沸騰することを期待する。

ところで、戦争が絶えない世界の現状を見れば明らかなように、地球規模での恒久平和の実現は夢のまた夢の段階にある。そのことは重々承知しているが、抑圧されていた民族・宗教エネルギーが噴出し、世界各地でテロや内乱が頻発し、第三次世界大戦の勃発のおそれすら感じられる昨今、前掲の英文著作で次のような「世界平和宣言」を世界に向かって発信したことに意味があると思っている。

〈日本の移民政策は、人口危機に瀕した日本を再生させる国家政策にとどまらない。地球上の諸民族が和の心で平和共存する世界を希求する世界政策でもある。日本の移民革命思想は、日本のみならず世界各国に根本的変革を迫り、すべての民族の共存共栄と世界平和に貢献し、国境を越えて人類の一体化が進むグローバル時代に生きる地球人への最高の贈物になるだろう。〉

私の移民政策論の発展を見守ってくれた内外の友人たちは、移民国家の理想像の創造と、人類共同体・地球共同体・世界平和体制の確立を一体不可分のものと関係づけた移民国家論を坂中構想の到達点と評価する。

和を尊ぶ日本の精神文化の所産である移民国家の理念が世界文明の新地平を拓く夢を持ち続ける。二二世紀のいつの日か、平和の心をはぐくむ日本の土壌で成長した世界平和哲学が地球人たちを平安に導く星としてきらめく時代がくると固く信ずるものである。

⑷純粋民族は存在するのか？

世界各国から永住目的で来日する外国人材を移民として正しく迎える国にならなければ日本の明日にない。人口激減時代に突入した日本は、縄文時代から日本列島に住んでいる日本人だけで国家・社会・経済を運営する時代は終わった。移民＝永住者の助けを借りなければ国家の諸制度を維持・運営できない時代に入った。

移民反対派の人たちは、移民が入ってくると、日本民族・日本文化の純粋性が損なわれると主張するが、そういう考えはまちがっている。日本民族も日本文化も純粋培養されたものではなく、外国から入った人や物がまじりあって形成されたものである。

日本文化がこれだけ多くの外国人観光客をひきつけるのは、日本の文化が世界各国の文化を相当程度取り入れたハイブリッド文化だからである。たとえば、東大寺の正倉院宝物を見ればそのことは明らかである。七五二年に建てられた奈良の大仏は当時の世界の文化の粋を集め、インド僧の指導の下、インド、中国などから来た技術者の協力を得て建造されたものである。

言語、料理、宗教、思想、美意識、社会規範などの日本文化は世界のどの民族も理解可能で普遍的なものである。仮に全然まじりけのない純粋文化だったとしたら、外国人観光客はそんな日本文化に共感を覚えないであろう。

異なる民族の血がまったく混じっていない純血民族は世界中どこをさがしてもいない。人類史はヒトの移住と移民の歴史であった。一方で、他の民族への好奇心が強いヒトは異なる民族間で結婚と混血を繰り返し、地球上のいたるところに生息地を広げ、多様な雑種民族に分かれた。

今日、地球上に存在する民族はすべて移民の末裔である。日本では一〇〇〇年以上も移民鎖国状態が続いたので日本人は比較的純血度の高い民族であるが、それでも太古の昔から今日まで世界各地から日本列島に移住してきたさまざまな民族の血が多量に入り込んで形成された雑種民族であることに変わりない。

話は飛躍し、千年後の人類社会を展望する。その時代は地球上から地理的・国家的・文化的障壁が完全になくなっており、異なる民族間の結婚と混血が地球規模で飛躍的に増加し、人類は人種的に単一の存在になる方向に急ピッチで進んでいる。それは単一の種から進化した人類のいわば先祖返りの動きであり、究極の雑種民族としての地球人への進化の途上と位置づけられる。おそらくその時代よりもはるか前に、「ハイブリッドジャパン」と「核兵器のない世界」が実現しているであろう。

(5)移民先進国の轍を踏まない

移民先進国の外国人処遇の歴史を概観すると、決して道理にかなったものばかりだったというわけではない。そのような認識に基づき、わたしは、移民後発国の日本は移民先発国の轍を踏んではならないと肝に銘じ、「万物は平等」と「人類は一つ」という日本人固有の思想を移民国家の理念に体現した。

この全人類に開かれた移民国家の構想は、白人至上主義とキリスト教の一神教の考えが根底にある西洋精神の対極をなす日本精神から生まれたものである。それは地球にすむ人間・動物・植物のすべての生命体に神がやどると考える日本人の汎神論的世界観の産物である。

米国は建国当初、大量のアフリカ人奴隷を英国商人から買った国である。現在は、一一〇〇万人の不法入国者が過酷な労働条件のもとで農業労働者などとして働いている。

ヨーロッパの移民先進国は、根深い人種偏見と宗教問題があって、国民と移民との社会統合に成功していないようだ。

ドイツは数百万人のトルコ人を外国人労働者で受け入れたが、ドイツ人とトルコ人の結婚の比率は一％以下と異常に低い。かつては多数派のドイツ人が小数派のトルコ人を襲撃する事件が相次いだ。

フランス人とアフリカ人の婚姻率は二〇％を超えると聞いている。博愛主義の伝統があるフランス人の民族差別はさほどでもないから、フランスは多民族共生社会への希望が持てる国である。ただし、その実現のためにはキリスト教とイスラム教の宗教対立の克服という難問が残っている。

近世から二〇世紀半ばに至るまで、ヨーロッパ人が宗教、人種、風俗の異なる民族を人間以下の存在として、少なくとも自分たちよりも劣等の民族として扱ったことは、世界人権史の汚点として刻まれている。だが日本においては、神道、仏教、キリスト教など多様な宗教が平和共存している。くわえて日本人の心の奥には、文明化した現代世界では極めてユニークな宗教心、すなわち地球上に存在するあらゆる物と心を通わせ、それを信仰の対象として尊ぶ心がある。河童伝説や妖怪伝説の主人公を崇める民族である。鉄腕アトムやゴジラを創作した民族である。これは仮説の域を出ないが、万物平等思想を抱き、万物に神の存在を認める日本人は、世界のどの民族も成し得なかった人類共同体社会をつくる資格がある唯一の民族ではないか。(1)「人類共同体思想は日本の精神風土のたまもの」参照)

移民一〇〇〇万人構想は、五〇年の年月をかけて、現在のイギリス、フランス、ドイツ並みの「一〇人に一人が移民」の国へ移行するものだ。さまざまな民族の心を一つにする親和力の強い日本社会の特色に鑑みると、それは十分達成可能な目標である。そればかりか、地球上に存在する人種・民族に甲乙はないと考える日本人は移民先進国の上をゆく移民国家を築くであろう。

ここでお断りしておく。以下において「移民」という言葉は「永住目的で日本に入国する外国人」ないし「永住許可を受けて日本に永住する外国人」の狭義の意味で用いる。

第2章　政治と移民

(1)内閣総理大臣の英断を期待する

移民国家議論が活発化しているのにもかかわらず、政治家は移民受け入れ問題を政治課題として取り上げることに抵抗している。アベノミクスの是非と地方創生は政治の主要な争点になっている。しかし、それらの問題の根本原因の人口崩壊問題と、その最有力の解決策の移民政策については、政治の争点にすらなっていない。

与野党を問わず政治家は、日本が直面する最大の政治課題＝移民問題について国会で議論することを避けている。二〇代の若者を中心に移民賛成の意見が強まる中、政党が移民政策の推進を公約に掲げる動きも見られない。国家主権の行使の最たるものである移民政策に政治生命をかける政治家は一人もいない。これまで国家百年の計に一家言のある政治家に会ったことがない。日本の政治家はなぜそれほどまでに移民を忌避するのだろうか。

私が移民政策に理解のある政治家と議論した経験からいえることは、政治家は国粋主義団体による街宣活動を極度に恐れているということである。移民受け入れ問題のような危険なことにはかかわらないという暗黙の了解が政界で成立しているのではないかと疑いたくなる。

ところが、何が幸いするかわからない。国家の一大事に手をこまねいている無責任政治の極みが、予想外の好結果をもたらした。移民政策で政治責任を果たす気がない政治家に代わって、移民革命を先導する坂中英徳が政治マターに首を突っ込み、四〇年の移民政策研究に基づき移民国家論の金字塔をうちたてた。『新版日本型移民国家への道』（東信堂、二〇一四年）と、本書である。

どうして日本の歴史を塗り替えるような未来構想を立案できたのか。「義を見てせざるは勇なきなり」という昔の賢人の教えに従ったまでである。国家の危機にはせ参じる国家公務員時代の心意気を持ち続けたからである。それにしても、日本滅亡の危機を救いたいというやむにやまれぬ気持ちから出たこととはいえ、政治家の了解をとらず、坂中構想を旗印に事を運んだのは事実である。独断専行のそしりは免れない。

私はこの一〇年間、国のかたちを変える国家の大計に一民間人が主導的役割をはたしていいものか、政治家の覚醒を待つべきではないのかと、政治との関係でずいぶん悩んだ。結局、苦渋の決断であったが、国家の命運がかかる移民問題に関心を示さない政治家の態度に業を煮やし、批判は覚悟のうえで政治の領分に乗り出した。

私の判断は正解だった。野心的な移民国家像の創作について幸運の女神が味方した。日本の未来の国の形を決定する移民政策は政争の具にならずにすんだ。移民政策の立案分野は坂中の独立独歩の世界という特権を利用して、まっしろな紙に移民国家のグランドデザインを一気に書き上げた。そのうえ、移民革命は上からの革命ではなく、オープンに議論し、国民の総意で決める民主的革命になった。さらに二〇一五年に入ると、若い世代を中心に移民の受け入れに賛同する国民が急激にふえた。

オールジャパンで国家危機を乗り切る大局的見地に立って考えると、結果オーライということなのかもしれない。しかし、手続き面を重視する立場から、在野の人間の分際で出すぎたまねをしたと批判されても仕方がない。私の越権行為に対する糾弾ないし評価は後世の歴史家の判断にゆだねる。

移民国家への道が山場を迎えたので、政治とどう向き合うかについて、民間人の立場を踏まえて慎重を期す必要がある。政治の本質は決断と実行であるが、自由人である私はもっぱら言論で勝負する。移民政策の先駆者として、移民政策をとることの必要性について多数の国民の理解を得るために最大限の努力を続ける。

人口秩序が崩壊に向かう日本は歴史の岐路に立っている。私は国民世論を移民賛成の方向に導くオピニオンリーダーの責任をはたした。その結果、二〇一五年四月の朝日新聞の世論調査で移民受け入れに賛成の国民が五一％に達した。同年八月の読売新聞の世論調査では、二〇代の若者の五〇％が移民受け入れに賛成という、目標の達成まであと一歩のところまできた。

本年早々、慎重の権化のNHKが移民政策で思い切った行動に出た。一月二三日のEテレが、戦後七〇年の外国人政策史に関し、「日本人は何をめざしてきたのか〜難民・外国人労働者 異国の民をどう受け入れてきたのか〜」と題する特集を組んだ。続いて二月二四日のNHKBS1スペシャルが、「それでもジャパニーズドリーム〜日系南米人 集住団地の冬〜」の表題の番組を報道した。私はこの二つの番組で移民革命論を語った。

以上、政治との関係のあるべき姿について私の思いをるる述べて、今こそ政治がその本分をはたすべきときだと政治家に強く迫った。私の熱意が人口崩壊という未曾有の国難に危機感をいだく政治家を奮い立たせた可能性がある。平成の政治家の中に憂国の士がいた。待ちに待った朗報が届いた。

安倍晋三内閣の閣僚が移民政策を支持する立場を明快に打ち出した。二〇一五年一一月八日の河野太郎行革担当大臣の移民受け入れ積極発言と、同年一一月二四日の石破茂地方創生担当大臣の移民政策推進発言である。移民政策に関する見識のある政治家の満を持しての登場である。

移民は入れないという政府の基本方針に異を唱える閣僚の発言について閣内不一致の批判が上がらなかった。自民党内からも野党からも批判が出なかった。要するに、軌を一にする両閣僚の歴史的発言は政局に発展しなかったということである。主要閣僚による日本の歴史的転換を迫る政策提言であったが、政界の空気は何事もなかったかのように流れている。これをどう理解すればいいのだろうか。日本が当面する最重要課題の移民政策について政界の実力者の間であうんの呼吸での事実上の合意が成立したと考えるのが自然だ。

おそらく政治の世界で移民政策に関し甲論乙駁の激論を戦わせる場面は見られないであろう。国民は官邸のシナリオどおり事が運ばれる政治ドラマを見ることになろう。

それは国論が沸騰する政治課題を周到な根回しで解決する日本政治の知恵だといえばそれまでだが、以下は自民党の政治家と親しく移民政策の立案に関わった経験がある私の見方である。

話は政治家と坂中英徳の蜜月時代の二〇〇八年にさかのぼる。そのとき一躍脚光を浴びた「日本型移民政策の提言」をまとめた自民党外国人材交流推進議員連盟の遺伝子を引き継ぐ政治家が自民党内に多数いるのではないかと思われる。同議連の有力メンバーの中から移民政策を推進する政治家が続出するであろう。さらに言えば、自民党議連時代に築かれた私と自民党幹部との同志的関係が移民国家への路線の転轍器の役割を果たすことになろう(9)「外国人材交流推進議員連盟と私」参照)。

八年前の自民党議連に加盟した政治家と志を同じくする両雄の日本政治史に残る発言で政界最大のタブーが解かれたので、移民立国に向かう政治の勢いが増すであろう。

人口崩壊による日本消滅の危機への対応を急ぐ必要があること、移民政策を欠くアベノミクスは失速するおそれがあること、保守本流の政治家が移民受け入れは不可避との立場を鮮明にしたこと、全国紙の世論調査で移民政策を支持する国民が過半数を超えたことなどを総合的に考慮すると、内閣総理大臣が歴史的な決断を下す環境が整ったといえる。

⑵政治家と革命家

革命家の立場と政治家の立場には相容れないものがあることは、古今東西を問わず、一般的に認められることではないか。日本の移民革命を先導する革命家と日本の国政を担当する政治家とはどういう関係にあるのだろうか。

二〇一四年末、親しい英国人ジャーナリストから、「革命的な移民国家構想を提言している坂中さんに官邸から圧力がかからないのですか」と聞かれた。私は「四面楚歌の状況に変わりはないが、永田町から坂中構想に対する批判、圧力は一切ない」と答えた。彼は少し驚いた様子だったが、「日本は言論の自由が保障されるいい国ですね」と述べた。

事実、この一〇年間、日本政府は、移民革命を唱えるラジカルな革命家を敬して遠ざけるというか、自由に泳がせるというか、国家公務員時代の実績に配意したというか、その真意のほどはともかく、坂中英徳を自由放任でほうっておいた。何も怖いものがない私はそれをいい事に天真爛漫、自由自在に移民革命論を展開した。移民政策の立案は私の独り舞台に終始し、移民国家の理想像を思うまま描くことができた。坂中移民政策論に対して異論・反論を寄せる政治家は皆無だった。

私は新刊が出るたびに政府首脳に献本した。坂中移民国家創成論は年を追って理論体系が整って説得力を増したが、官邸は移民革命論の進展を寛容の精神でウォッチしていたのかもしれないと最近ふと思った。それを裏付けるものがある。二〇一五年六月、内閣官房の主要幹部らを相手に「日本型移民国家への道」の題目で講演した。二〇名のエリート官僚は私の話にうなずいていた。講演が終わったとき、二〇代の若手官僚たちから拍手が起きた。予想外の反響にうれしさがこみあげてきた。その時、日本は近く移民革命の時代に入ると直観した。帰りしな若者たちに「新しい日本をつくるのは君たちだ」とエールを送った。

日本の移民政策研究の権威が内閣官房で講演をした事実は永田町、霞ヶ関に知れ渡り、政界、官界に衝撃が走ったのでないか。これを移民政策に対する官邸のゴーサインと受け止め、革命の機が熟するのを待っていたかのように政府高官が移民立国に向けて動くと予感する。

ここに至って、官邸と移民政策の第一人者との間には切っても切れない関係が成り立っていると実感する。そのような見方が正しいとすれば、政府首脳の黙認のもとで大きな夢を追い求め、天下国家のことを自由かったつに論ずる坂中英徳は「日本一の幸運児」といわなければならない。日本史上最大の危機を救う革命家を必要とする時代と遭遇し、移民国家の創造で世界のトップをめざす破天荒な革命家に自由な活動を許す社会とめぐりあい、そのうえ千載一遇のビッグチャンスを自分のものにすることができた。これほどめぐり合わせのよい人生は人為のなせる業ではなく、偶然が幾重にも重なって生じる天界の神秘のようなものではないかと思う。

近く、わたしは時の人になるかもしれない。移民国家の産みの親になるかもしれない。しかし、大願が成就して功成り名を遂ぐ時代は、私にとって未知の世界で居心地の悪いものである。けなされるのは慣れっこになっているので平気だが、人物評価ががらりと変わってほめられるといたたまれない気持ちになるであろう。新しい事態にどういうスタンスで臨むかについては熟慮を要する。

すでに名誉も悪名も山ほどいただいた。もうこれ以上のものは何もいらない。これまでどおり自由人として自由な発言が許されればそれで十分である。

今の心境は、来るべき時が来たと厳粛に受けとめること、素にして野の素浪人の生き方を貫くこと、移民国家の礎を築くため余命をささげることの一言につきる。

突然ながら話題は近未来に移る。日本の革命家の仕事は移民国家の理論の完成で終わらない。理想的な移民国家を創る大業が残っている。私の立てた移民国家構想の全部を成し遂げれば完全無欠の人生ということになるが、そんな大それた望みを抱く野心家には天罰が下る。また、そういう何もかもうまくいく人生にはロマンがない。大きな夢に向かって歩みを運んでいる最中に人生の幕を閉じるのがいい。死後に究極の夢がかなうと思えば極楽往生できる。

画竜点睛を欠く未完の人生に憧れる。法務省時代は有言実行をモットーに生きてきたが、人類史に刻まれる日本型移民国家の創造は未完成交響曲で終わる運命にある。それは数世代の日本人の血がにじむような努力を必要とする世紀の大事業である。世界の頂点をきわめる移民国家の完成は後世の日本人の手にゆだねる。日本型移民国家の理論的基礎を確立するところまでが私の仕事である。もう一つの世界規模で人類共同体社会を創る夢は、いつの日か、人類の存続をかけて世界平和運動を展開する地球人たちがこれをかなえてくれるだろう。

夢想的願望をいわせてもらえば、日本型移民国家の全体像と設計図、移民国家の基本理念と世界平和哲学を論述した著作が、百年後も世界の人々の間で盛んに議論されることを望む。世界各国を代表する知識人が日本型移民国家論と人類共同体構想を批判的に徹底的に検討し、それをはるかにこえる移民国家の傑作と、人類の夢である地球共同体社会・核兵器のない世界をつくるのを天上から眺めるのが楽しみである。

(3)外圧と開国

二〇一一年一月、米国政府、在京米国大使館と太いパイプがある在日アメリカ人から、「坂中さんの移民政策を米国政府が応援したい」という申し出があった。私は「今は黒船の時代ではない。日本の移民開国は日本人の責任でやる」と答えた。それに対して彼は「移民革命の九九%は坂中さんがやりなさい。一%はわれわれが応援する」と述べた。そのときの火花が散るような言葉のやりとりを一言一句覚えている。

さて、二〇一五年二月、人通りの多い渋谷の繁華街をバックに、英国BBC放送の大井真理子リポーターのインタビューを受けた。テーマは「日本の移民政策をめぐる最近の状況について」であった。そして同年三月、英国BBC放送のワールドニュースのテレビとラジオでそのインタビュー記事が報道された。

BBCワールドニュースは二〇〇以上の国と地域で放送されたので、私の立てた移民国家構想は世界の人々の耳目をひくことになった。

世界第三位の経済大国の日本が、人口問題と移民問題にどう対処するかは、世界各国の最大関心事の一つである。英国BBC放送のような世界を代表する報道機関からの、日本の盛衰がかかる移民政策に関するインタビューに答えるのは、本来は政治家の役割である。しかし残念ながら、日本の政界に人口崩壊危機への対応策としての移民政策を語る政治家はいない。

それで、世界のメディア関係者の間で日本の移民政策を一身に担う人物として知られている坂中英徳にお鉢が回ってきた。私は個人的意見にすぎない移民国家ビジョンを世界の人々に語った。

BBCニュースは世界の世論形成に影響力があるから、世界の多くの人が日本の移民開国を待ち望む状況が生まれる。移民国家ジャパンの誕生に期待を寄せる世界の声に日本の政治がどうこたえるか。それがこれから問われることになる。

おそらくBBCワールドニュースの報道を機に、世界の世論が日本政府に移民開国を迫るという構図が成立するであろう。それは日本にとって不名誉なことであるが、外圧に従うことでしか自国の運命を決められない国民性と政治体質――日本の近現代史においてよく見られる国の基本方針の決め方のパターン、それが天下にさらされる。

移民革命の旗振り役を務める私は断腸の思いであるが、人口崩壊の危機が迫るこの期に及んでも政治家が移民立国について自主的に判断できないのであれば、移民問題は世界の待望論にこたえる形で政治決断するのもやむを得ないと考えている。

仮に世界の世論の後押しを受けて日本政府が移民立国にふみきったとしても日本人はそれを何ら恥じることはない。世界の模範となる日本型移民国家の理論的基礎を確立したのは、世界のメディアからミスターイミグレーションと認められている日本人であるからだ。

その事実を世界の人々に知ってもらいたいと思って、二〇一五年五月、私の移民政策理論の集大成の英文図書『Japan as a Nation for Immigrants』を発行した。この論文は世界の知識人から好評をもって迎えられた。結果、世界列強の圧力に屈した幕末から明治にかけての開国や、マッカーサー憲法と呼ばれる日本国憲法の制定とは異なり、日本を移民国家に導くのは日本人の坂中英徳であることが世界に広く知られることになった。

最後にこれだけは言っておきたい。いうまでもなく、国家・国民の自主的判断に基づき国の形を決めるのが正しい道である。しかし、近現代の日本の歴史を振り返るとき、いわゆる「外圧」が日本に好ましい結果をもたらしたことはまぎれもない事実だ。明治の開国と昭和の日本国憲法が日本の飛躍的発展の基礎になった。それらと同じように、平成時代、世界各国の人々の熱烈な歓迎を受けて誕生する移民国家の未来は光り輝くものになるであろう。

(4)移民開国で日本開国は完了する

平成の開国劇において環太平洋戦略的経済連携協定（ＴＰＰ）への参加は序幕にすぎない。内閣総理大臣の移民開国宣言で終幕を迎える。

明治の開国は、西洋文明を積極的に取り入れた「文明開国」であった。戦後の昭和の開国は、貿易と資本の自由化を行った「経済開国」であった。このたびのＴＰＰへの加入は経済開国の総仕上げと位置づけられる。

今日、国民的課題に急浮上した平成の開国は、人口危機におちいった日本を元気にする「移民開国」である。日本が最後まで拒み続けてきた「人材開国」だ。長年の懸案であった移民開国を行ってはじめて全面的な日本開国が実現する。

日本が移民立国を国是とする国になれば、人の移動・外交・経済・安全保障の分野で移民送り出し国との関係が強化される。移民外交と移民協定が日本外交の柱の一つになる。

ＴＰＰ加盟国との移民協定に基づき看護師や介護福祉士などを移民として計画的に受け入れる体制を早急に確立し、環太平洋経済圏の一員になること、それしか日本の生きる道はないというのが私の信条である。そのうえ心強いことに、環太平洋地域には、米国、カナダ、オーストラリア、ニュージーランドと、世界の移民大国が顔をそろえている。

日本がＴＰＰに加入するとともに、五〇年間で移民一〇〇〇万人を秩序正しく入れる「移民大国」の道を歩めば、移民立国の理念を共有する主要国が環太平洋地域に集結する移民国家連合が形成される。それにとどまらない。加盟国の間で人の移動が激しくなり、各国の国民の間に一体感が醸成され、民族も文化も宗教も異なる人々が緊密な人間関係を結ぶ「太平洋共同体」が形成される可能性が出てくる。それが実現した暁には、日本は米国と手を組んで新しい世界秩序を創った創始者という名誉ある地位を占めることになろう。

日本政府に緊急提言がある。日本がＴＰＰへの参加を正式に決定するときにあわせて移民国家の名乗りをあげ、日本は米国、カナダなど移民先進国と連携して環太平洋地域における人の移動の拡大と世界平和に貢献することを世界にアピールしてはどうか。世界各国の人々はよろこびの声をあげるだろう。

現在の日本は、「衰退する国」に向かうのか、「活力ある国」として生き残るのかの瀬戸際にある。深まる一方の人口危機の日本を救う移民政策の導入をこれ以上先に延ばす時間の余裕はない。

さいわい人口秩序の崩壊が迫るぎりぎりのタイミングで移民政策論争が始まった。さらに移民政策議論に順風が吹いた。二〇一五年の夏、経団連の榊原定征会長が移民開国を政府に迫った。二〇代の若者の半数が移民賛成の声をあげた。少子化で人手不足に悩む産業界と、自分たちの将来を移民国家に託す若い世代の要望にこたえて、内閣総理大臣がＴＰＰへの加入と同時に移民開国を決定すれば、それをもって千年来の日本開国は完了する。

(5)移民革命・社会革命・日本革命

二〇一六年二月二七日の産経新聞の社説は、一〇〇年単位で進行する人口崩壊の脅威を強調し、このままだと「日本消滅」は避けられないと指摘した。だが、いま何よりも必要なことは、日本の全面崩壊を免れるためにわれわれは何をなすべきかということだ。

私は二〇〇七年以来、日本の歴史に類を見ない規模の移民受け入れを主張している。だが、五〇年間で一〇〇〇万人の移民を入れても、日本の総人口が三〇〇〇万人減るという厳然たる事実を忘れてもらっては困る。三〇〇〇万人の人口減が、政治・経済・財政・社会・国民生活に及ぼす影響は想像を絶するものになる。たとえ日本が世界有数の移民大国になっても、若年人口の激減と高齢人口の激増が重なる人口秩序の崩壊に耐えられず、政治制度をはじめ産業・財政・社会保障・安全保障・教育などすべての制度の存続が危うくなる。持続可能な国づくりには、移民革命とあわせて社会革命と日本革命を行う必要がある。つまり、三位一体の革命を成し遂げなければ日本の存立があやぶまれるということだ。

私は二〇〇五年に出した『入管戦記』(講談社)において「人口が増加から減少へ転換する二〇〇〇年代初期の日本は、明治維新、第二次世界大戦後の大変革に匹敵する根本的な制度改革を迫られる」(第一〇章「『小さな日本』と『大きな日本』」)と指摘した。しかし、この思い切った問題提起に対し各界各層からの反響等は全然なかった。私の不徳のいたすところであるが、日本革命を求める坂中の訴えは不発に終わった。だが、私の信念が揺らぐことはない。これからも抜本的制度改革の必要性を国民に訴え続ける。

平成の日本は、明治から今日まで続いた人口増加時代に形成された国民の生き方・生活様式から政治・経済・社会・教育の諸制度に至るすべてを根底から見直し、人口規模に見合った国に転換しなければならない。それは日本の歴史はじまって以来の革命に発展する可能性が高い。

日本革命は日本の生存がかかる歴史的大事業である。その困難さのレベルは移民一〇〇〇万人の受け入れの比ではない。民族と国籍、さらに世代と官民の垣根を越えて、国民が決死の覚悟で対処しなければそれは失敗に終わる。

人口崩壊の脅威が誰の目にも明らかになったのに、改革を怠けて惰眠をむさぼる日本の現状に怒りを禁じ得ない。人口増加時代につくられた国家の基本制度について、人口減少時代に対応するものへの見直し作業はまったくと言ってもいいほど進んでいない。有識者の間で問題の所在について議論すらなされていない。本格的な人口減少期に入ったというのに古い日本の体質・体制が温存されている。

私は役人を辞めた二〇〇五年から今日まで、既得権でがんじがらめになっている肥大化した日本から、一度既得権をすべてご破算にしてスリムな日本に生まれ変わること——すなわち国民と政府が日本革命に立ち上がること、それをやり遂げるしか日本の明日はないと声を大にして言ってきた。

しかし、霞ヶ関の官僚たちがこの問題に危機感を持って取り組む姿勢は見られない。それはわかりきった話だ。自らの血を流す改革を官僚機構が行うはずがない。国の統治機構の基本にかかわる問題であるから政治に期待するしかない。

だが、政治家が率先垂範して、人口減少社会にふさわしい政治制度の確立、たとえば、国会議員の定数を今の三分の二に減らして人口規模に相応する小ぶりの政治制度に改めること、二院制のあり方を見直すこと、道州制の導入など中央集権体制を変革することなど、自らの身を削る政治制度改革に手をつけるとはとうてい思えない。

既得権を手放す気のない政治家に国家制度・政治制度の根本的な変革が期待できない以上、主権者たる国民が社会革命と政治改革の実行を政治家に迫るしかない。国民が政治に鉄槌を下すときには、国民にも人口危機の時代を乗り切るうえで不可欠のライフスタイルの改革が求められる。

すなわち、人類が未知の領域の超少子・超長寿社会を生き抜くために、贅沢と無駄を省いたシンプルな文明生活に改める。健康な生活を第一とし、年金・社会保障制度を当てにせず、元気な人は八〇歳まで働く。国や社会に頼らず、自分の命は自分で守ることを旨とする。最小限の社会保障制度を維持するため、税金、社会保険料などの負担増と、年金の減額や福祉サービスの低下に耐える。比較的恵まれた生活環境を享受している現代人にとってこれは苦渋の選択である。しかし、国民がつつましく暮らす生活に新たな価値を見出す生活革命なくして持続可能な社会をつくることはできないと言わなければならない。

残念至極であるが、移民政策の専門家の私にできることは移民革命との関連で問題を提起するところまでだ。移民革命をもって日本大革命の嚆矢とし、社会革命の先頭に立つ若者たちに移民国家の未来をゆだねる。

ここから話は近未来に移る。既得権と無縁で何も失うものがない三代の若き精鋭たちが移民革命に続いて日本革命に決起するとともに、政府が移民開放路線を堅持すれば、今世紀中に日本は人口問題を克服し、人口が減りも増えもしない「静止人口」の時代に入るだろう。

なお、前記『入管戦記』の第一〇章「『小さな日本』と『大きな日本』」で日本百年の計を公にしたときから今日まで、地球規模で深刻化する人口増加問題、環境問題、食糧問題、エネルギー問題などを総合的に考慮すると、一億の人口を保つ社会よりも、現在の英、仏、独とほぼ同規模の七〇〇〇万人台の人口で落ち着く「小さな日本」が望ましいという私の考えに変わりはない。

⑹移民国家への道が通った

坂中構想は人口秩序崩壊の脅威にさらされている祖国を救いたいとの思いで立てた移民国家ビジョンである。いうまでもなく空理空論ではない。三五年の外国人行政の実務経験に裏打ちされた実現可能な移民国家創成論である。

二〇〇五年に法務省入国管理局を退職後は、移民政策研究所の所長として移民政策に関する理論的研究に専念し、数々の論文、著書を発表した。長年の努力が実を結び、坂中構想に春が訪れた。二〇一四年に移民政策が政治課題にのぼった。同年二月の衆議院予算委員会で安倍晋三首相は「移民受け入れに関し国民的な議論が必要である」旨の答弁を行った。

二〇一六年を移民政策論争の決着をつける年にしよう。私が移民国家議論の先導役を務めるので、政界をはじめ各界各層の間で徹底した議論を行ってほしい。そのうえで、移民政策は国の形と国民の民族的構成を決める国家政策の最たるものであるから、首相の高度な政治判断にゆだねよう。

さて、二〇一三年四月以降、インターネットの世界で移民国家をめぐる議論が盛り上がっている。「移民」「移民政策」「移民革命」などの言葉を使った坂中英徳の小論文が載らない日はない。

また、月刊誌『Ｗｉｌｌ』（二〇一五年一月号）が「移民政策大論争」と銘打った特集を組んだ。かくして移民興国論者の私と移民亡国論者との間で論争が始まった。ただ、移民亡国論の陣営は、人材不足なのか、移民批判の種が尽きたのか、国民の支持が得られないと肌で感じたのか、理由は定かでないが、すっかり鳴りを潜めた。白熱の移民政策論争を期待したが、線香花火で終わった。

いっぽう、最近、移民興国論の元祖である私へのメディアの取材が増えた。内外の記者は「坂中さんの移民政策を応援する」と熱く語る。また、講演で日本型移民国家構想を話す機会が増えた。聴衆の反応も上々である。「このままでは日本が危ない。日本再生のため移民の受け入れを急ぐ必要がある」という声が多い。

このように移民政策に好意的な世論が形成されつつあることに加え、外国人観光客が爆発的に増えて国民の外国人観が好転したことも影響して、時代は移民の受け入れを了解する方向に転換した。厚い岩盤が崩れて移民国家への道が通ったと実感する。

一言すると、移民問題が政治の争点に浮上すれば、「移民は嫌い」という見解を唱える政治家や、「移民の排斥」を公約に掲げる政党の出る幕はないと認識している。穏やかな意見の持ち主が主流の日本社会において「排外主義者」「国粋主義者」のレッテルを貼られた政治家の末路はみじめなものである。

第三次安倍晋三内閣は、人口崩壊問題を解決するための五〇年後の国家目標として、一億総活躍社会の計画を打ち出した。この未来構想は移民国家への道の第一歩と位置づけられる。その一億人の中に一〇〇〇万人の移民が計算に入っていることは言をまたない。仮に一・八の出生率の目標を達成したとしても人口の自然減が続くので、九〇〇〇万人の日本人にプラスして一〇〇〇万人の移民を勘定に入れなければ話のつじつまが合わないからだ。

ちなみに、首相のおひざもとの内閣府は二〇一四年二月、「一〇〇年後の日本人口を一億に保つには二〇〇〇万人の移民が必要」という百年の大計を発表している。

実は、この一億総活躍社会プランは、政府が三〇〇〇万人の人口減を甘受すると公に認めたことに大きな意味がある。国と国民は、五〇年間で三〇〇〇万人の人口が減少する条件の下、持続可能な社会と経済をつくるという革命的大事業に取り組む必要がある。

なお、三〇〇〇万人の人口激減に持ちこたえる社会を形成するためには、移民革命と社会革命と日本革命を行う覚悟が国民に求められることは前述のとおりである(5)「移民革命・社会革命・日本革命」)。

(7)移民革命で日本再興に打って出るとき

平成のパワーエリートたちは、どうしてこんな日本になったのか、ほろびゆく祖国のために自分たちに何ができるかについて、真剣に考えたことがあるのだろうか。

人口崩壊の危機に端を発した国家滅亡の危機が深まるいっぽうだというのに、日本が生き残るために何をなすべきかについて「議論」すら始まらない。指導者としての矜持を失った政治家、官僚、知識人、経済人、ジャーナリスト、学者に物申し上げる。なぜ空前絶後の国家危機を正視しないのか。なぜ解決策を発見するために必死の努力をしないのか。自分たちの手に負えない問題と勝手に決め込んでいるのではないのか。無為無策に終始して日本の全壊を招いてもいいのか。

事は日本民族の生死がかかる重大問題だ。臭い物に蓋をする態度や、見て見ぬふりをすることは許されない。およそ人間社会に内在する要因から起きた問題で日本人の手で解決できないものはない。問題の本質に迫れば解決策は必ず見つかる。日本復活の道は必ず開ける。

そこまで言い切った以上、人口危機の真実を白日の下にさらそう。人間が存在するからこそ国家と社会と経済が成り立つ。五〇年間で四〇〇〇万人の日本人がいなくなれば、日本全体が自滅の道をたどるのは必定だ。最後に行き着く先は日本民族の消滅と日本社会の全面崩壊だ。

たとえば経済と財政である。「人口」は、日本が直面するデフレ経済、一〇〇〇兆円の財政赤字、成長戦略が立てられない脆弱な経済体質などの諸問題の根底にあるものだ。年少人口の減少と人口の高齢化の問題を解決しないかぎり、経済財政問題は解決の糸口さえ見だせない。

人口は「出生者」と「死亡者」と「移民」の三つの要因で決まる。出生者人口が死亡者人口を大幅に下回る人口の自然減時代が長期に及ぶ国において人口秩序を正す方法は移民人口を大幅に増やすこと以外にない。私は日本再生の道の先達をつとめ、人口減少問題の究極的解決策としての移民国家への転換を国民に呼びかけている。これは論理的で単純明快な政策提言である。

平成の国家指導者に何よりも求められるのは、人口崩壊の脅威に対して移民立国で立ち向かう勇断だ。最高指導者の安倍晋三首相に訴える。「座して日本の死を待つべきではない。移民革命で日本再興に打って出るときだ」。

⑻移民の扉を開いた宰相

二〇一四年二月一三日の衆議院予算委員会において安倍晋三首相は民主党の古川元久委員（政界随一の移民政策の理解者）の「移民の受け入れ」に関する質問に対し、「国民的な議論を経た上で、多角的な角度から検討していく必要がある」旨の答弁を行った。従来、移民政策に消極的だった政府の姿勢を一八〇度転換した画期的な決意表明である。

安倍首相の歴史的な国会答弁の背景に、安倍政権の最大の使命であるアベノミクスを成功に導くには「移民政策」が欠かせないとの判断があったものと推察する。生産者人口と消費者人口が激減する状況下で、移民政策抜きでは日本経済の成長戦略が立てられないからだ。生産者と消費者の増加に直結する「移民」の助けを借りるしかないという認識が政府部内に広まったのだろう。

世界の機関投資家はアベノミクスの成長戦略との関係で、「移民鎖国を続ける日本は売り。移民開国の日本は買い」と、ずばり日本経済の急所を衝く発言をしている。海外の投資家は、移民政策に積極的な安倍首相の姿勢を評価し、中長期的には日本買いに向かうだろう。

さて、国会で首相が移民の受け入れについての議論を国民に呼びかけた以上、もはや移民問題はタブーでなくなった。さっそく内閣府は、一〇〇年間で二〇〇〇万人の移民を入れる未来像を発表した。前述の榊原定征経団連会長の歴史的発言に見られるように少子化で人手不足が激化している経済界や、人口崩壊と社会崩壊の危機に瀕している地方など、各界からせきを切ったように移民を求める声が上がった。

ロイター通信と英国の『エコノミスト』が安倍首相の「移民受け入れ前向き発言」を世界に報道したので、日本の移民開国を期待する世界の人たちが抱く安倍首相に対するイメージは一変すると予想している。いずれそのうち「移民立国の立役者」という安倍晋三像が形成されるであろう。

日本が移民国家に生まれ変わった暁には、安倍晋三首相は「移民の扉を開いた宰相」として日本の歴史に名を残すだろう。五〇年後の歴史家は平成時代の政治家が成し遂げた最大の業績として移民開国を挙げるだろう。

(9)外国人材交流推進議員連盟と私

私は二〇〇八年二月、日本の将来は外国人材の導入にかかると考える自民党の国会議員約八〇人が参加した「外国人材交流推進議員連盟」（中川秀直会長、中村博彦事務局長）の第一回勉強会の講師に呼ばれた。

移民国家日本への熱い思いを政治家に伝えるため、十分練ったスピーチ原稿「日本国の百年の計を立てる時が来た――外国人材交流推進議員連盟の発足に当たって」を用意し、スピーチに臨んだ。その結びで、「日本国の百年の計を立てる時を迎えて、日本の行く末を真剣に考える政治家が結成した新議員連盟が、『移民国家日本プロジェクト』を推し進める機関車の役割を果たすことを期待してやまない」と檄を飛ばした。

続いて同年三月に開催された第二回勉強会でも講師役を務めた。「移民受け入れに舵を切るとき」の表題で、日本独自の「人材育成型移民受け入れ制度」を提案した。その中で、なぜ「外国人労働者」ではなく「移民」なのかについて、「国家の構成員（国民）が減ってゆく国のとるべき外国人政策は、将来国民になってもらう外国人を確保する『移民の受け入れ』しか考えられない」と強調した。

私が提案した「移民一千万人構想」について出席の国会議員から多くの質問や問題提起が出された。しかし、移民の受け入れに反対の意見は出なかった。逆に、外国人材の受け入れの拡大を求める意見が大勢を占めた。その時、持論の日本型移民政策に対する確かな手応えを感じた。

同議連は、合計七回の勉強会を立て続けに開き、同年六月、移民立国で日本の活性化をはかる立場から「日本型移民政策の提言」をとりまとめ、公表した。

さらに、この提言は自由民主党国家戦略本部「日本型移民国家への道プロジェクトチーム」が取り入れ、最終的には「人材開国！日本型移民国家への道」という名の報告書が当時の福田康夫首相に提出された。こうして日本の外国人政策史上初めての体系的な移民政策が政治の舞台に躍り出た。

移民政策は日本の国の形を決める国家政策の最たるものである。言うまでもなく国家政策を立てるのは政治家の仕事だ。しかし、実は、「日本型移民政策の提言」の素案は、法務省入国管理局で移民政策一筋の道を歩んだ坂中英徳が、人口崩壊の危機にある日本を救う起死回生の策として書いたものである。国家公務員の職を辞した民間人が出すぎたことをしたと非難されるかもしれないが、憂国の情が深い政治家から頼まれ、勇んで日本型移民国家大綱案の作成に挑んだ。

むろん、それをどう評価し、どのように使うかは政治家の判断である。幸運にも、革命的な移民政策に理解のある中川秀直衆議院議員（当時）と中村博彦参議院議員（当時）とめぐりあい、その勇断があって、私の唱える日本型移民国家構想が政治課題にのぼった。自民党議連が立案した移民国家ビジョンは自民党政治の実績として日本政治史に燦然と輝くだろう。また、「移民政策」という斬新な発想が政治家の脳裏に刻まれたにちがいない。

以上のとおり、自民党議連と私の連係プレーで歴史的な成果をあげることができた。そのことが私の自信につながった。画期的な政策提言を出発点として移民国家構想の理論的研究を推し進め、『日本型移民国家への道』(東信堂、初版二〇一一年、増補版二〇一三年、新版二〇一四年)など一連の著作を世に問うた。

なお、二〇〇八年六月一九日の『ジャパンタイムズ』は、「革命的な移民政策が政治課題にのぼる」というタイトルで、前記自民党議連がまとめた「日本型移民政策の提言」に関する賛否両論の識者の見解を載せた。ジャパンタイムズの記者はリポートの結びで、移民国家構想の原案を書いた元東京入国管理局長を次のとおり紹介した。

〈坂中英徳は過去のすべての革命に対する批判と同様の批判は甘んじて受ける覚悟である。坂中の移民国家構想は日本を根底から揺り動かし、それが実現すれば日本の歴史的な第一歩になるだろう。

坂中はいう。「明治維新は外国人に国を開いた第一の開国だった。今われわれは第二の開国の扉を開けようとしている」。〉

以上、国家戦略を担う政治家と移民政策のプロが熱く燃えた時代を語った。その五年後の二〇一三年七月三一日、外国人材交流推進議員連盟を設立し、日本再生への道を歩まれた中村博彦先生が、道半ばにして永眠された。闘魂の政治家との出会いがあり、その引き立てがあって今の坂中英徳がある。

中村博彦氏の恩義を受けた私は、故人の志を引き継ぎ、日本型移民国家への道を突き進む決意である。

第3章　平成の革命家

(1)元東京入国管理局長が革命家になった

二〇一二年一〇月二一日の『ジャパンタイムズ』の「移民が日本を救う」というタイトルの記事において、坂中英徳著『日本型移民国家への道』を読んだ米国人ジャーナリストが、日本の移民革命を先導する坂中英徳を、「革命家の顔：元法務官僚、元東京入国管理局長」と世界に報道した。在日歴三〇年の外国人が書いたこの記事は、日本事情に詳しい世界の知識人に衝撃を与えたと、ジャパンタイムズから聞いた。

ミスター入管の異名を持つ元法務官僚がなぜ革命家と命名されたのか。保守の典型の私が革命家と呼ばれたのは晴天の霹靂であるが、おそらく人口危機の日本を救う大役を任せられる日本人は坂中英徳しかいなかったということなのだろう。時代の要請と研究テーマがたまたま重なり、そのような重責を担う立場になったということである。

三五年の入管時代、一貫して移民鎖国問題と向き合い、移民政策の立案をライフワークとしてきた元東京入国管理局長が、急進的な移民革命理論を武器に、人口秩序の崩壊すなわち日本民族の消滅をくいとめるために立ち上がった。退官後は、民間の研究機関、移民政策研究所を拠点に移民政策研究に集中的に取り組んでいる。

移民政策のパイオニアの道を歩んだのは、古典的論文『今後の出入国管理行政のあり方について』を四〇年前に書いたからだ。その時から移民国家のあるべき姿の究明に全力をあげてきた。そして近時、長年の実績が認められた。一例を挙げると、世界のジャーナリストの間で坂中英徳はミスターイミグレーションの名で呼ばれている。

職業人生を振り返ると、一途な気持ちで移民国家の理想像を追求してきたが、特別の才能があったわけでも人並み外れた努力をしたわけでもない。ごまんといる普通の元行政官の一人にすぎないが、あたかも天から白羽の矢が立ったかのように、移民革命の急先鋒の役が回ってきた。その時、日本の新時代をつくる決定的瞬間とめぐり合った天運に身を任せて、日本史上最大にして最高の革命を成し遂げようと決心した。天命であるから天職に殉ずるしかないと悟って迷いも消えた。長い人生には人知の及ばぬ不思議な出会いがあるのだと思うと感涙をぬぐいきれない。

ところで、官僚の末席を汚したことがある私は、官僚組織が移民革命に対する抵抗勢力になれば、坂中移民国家構想は実現しないことを熟知している。そこで二〇一五年の夏、霞ヶ関の中枢幹部たちと会って、今後の移民政策のすすめ方について腹を割って話をした。彼らは「先輩の日本型移民国家構想に賛成です。それしか日本再生の道はありません」と明言した。そのとき、元法務官僚の立てた移民政策が、霞ヶ関のエリート官僚たちの心をとらえたという確かな感触を得た。

内閣官房の一部の官僚たちが坂中構想を支持する立場に立った。霞ヶ関の異端児であった革命家のまわりに政府高官たちが集まってきた。彼らは敵に回すと怖い存在だが、味方につければ最強の実動部隊になる。霞ヶ関の後輩たちが、私の志を引き継いでくれるという希望がわいてきた。

(2)移民革命のオピニオンリーダー

私が提唱する移民国家ビジョンに関し、次のような感想が寄せられている。「千年来の移民鎖国からの歴史的転換」（日本文明史家）。「明治維新以上の革命」（外国人問題の研究者）。「憲法改正以上の難事業」（都議会議員）。「壮大なユートピア計画」（全国紙の記者）。「移民革命の先導者」（米国人ジャーナリスト）。「日本の救世主」（英国人ジャーナリスト）。「世界の救世主」（在日パキスタン人）。「ミスターイミグレーション」（日本外国特派員協会幹部）。

日本の歴史を概観すると、日本人は改革を重ねて生き延びるのは得意だが、根本的変革や革命を好まない民族ではないかと思うことがある。

日本の歴史上、「大化の改新」と「明治維新」はれっきとした新国家の建設であったが、なぜか日本人はそれを「改新」「維新」と呼んで「革命」とはいわない。日本人は国の断絶を嫌い、国の連続性を尊ぶ民族なのだろう。わたしは、日本人が綿々と守ってきた国柄、すなわち国民の安寧を第一に考える国のあり方を誇りに思うことでは人後に落ちない。日本人は本物の革命をやらなかったかもしれないが、先人の英知と努力のおかげで、日本文明は地球文明のなかで確固たる地位を占めている。

ところが今日の日本は、世界の歴史にもほとんど例を見ない人口秩序の崩壊という国家的危機にある。私は国家公務員生活の最後の年（二〇〇五年）、日本文化の担い手が消えてゆく日本開闢《かいびゃく》以来の危機に立ち向かうにあたって、中途半端な改革をいくらやっても日本民族の永続の可能性は薄いと判断した。そのとき、前例のない国難には前例のない革命で応じなければならないとひらめいた。同時に、移民政策研究一筋の私が移民政策を推進するさきがけをつとめること、千年に一度の人口危機には千年に一度の移民革命で乗り越えることを心に誓った。そして、その日本史上初めての移民革命のアイディアを、三五年の役人生活をつづった『入管戦記』（講談社、二〇〇五年三月）の第九章に「二〇五〇年のユートピア」の表題で発表した。日本が大きく舵を切って、二〇〇〇万人の移民を受け入れ、多民族共生社会の理想に向かって一路邁進したという前提で、二〇五〇年の移民国家日本の未来像を描いた。しかし、当時、『入管戦記』の一節で述べた革命的な移民国家論に注目した日本人は一人もいなかった（なお、第12章⑴「日本の救世主」参照）。

移民一〇〇〇万人構想の現実みが増した二〇一六年のいま真相を告白すれば、二〇〇〇万人の移民に夢を与える移民国家ニッポンの構想を発表するに当たって、ユートピア物語と注意深く予防線を張っているが、もちろん真の意図はそうではなかった。当時、それは日本が解決を迫られる喫緊の国家的課題であると認識していた。わたしは二〇〇五年の時点で人口激減による国家制度の全面崩壊に強い危機感を持ち、人口減少問題の究極の解決策としての移民革命思想をいだいていた。

その時から現在まで、執筆活動、講演活動などを通して移民革命のオピニオンリーダーの役をつとめている。国内の一握りの反移民分子から売国奴呼ばわりされているが、世界の知識人の中には「救世主」と評価するむきもある。自分では憂国の思いが強い熱血漢だと思っている。

日本史上最大規模の移民を入れる移民革命は劇薬だ。だが、それはいわば日本民族の自然死の進行をとめる万能薬である。移民を入れると直ちにききめが現れる即効薬でもある。究極の目標は日本文明のルネサンスだ。世界文明にとってかけがえのない存在の日本文明が永遠に存続することだ。

われわれの祖先は不屈の精神で幾度もの民族的危機を乗り越えてきた。人口ピラミッドの崩壊が引き起こした日本民族の消滅危機も、日本人は民族の底力で克服するだろう。のみならず、移民国家ジャパンは人類共同体の理念を掲げ、世界の少年少女たちが日本に移住したいと憧れるユートピア社会の実現に国を挙げて取り組むだろう。

(3)移民革命の主役——二〇代の若者

日本は少子化と高齢化が同時進行する人口氷河期に入った。出生率の劇的な回復は、当分の間、望めない。政府の出生率の長期見通しも、二〇一〇年から二〇六〇年まで、一・三五あたりの低水準が続くと予測している。

成熟した文明社会の日本では、仮に出生率が高まり、出生者人口が増加に転ずる日が訪れるとしても、年少人口が異常に少ないので、人口ピラミッドが正常な形に戻るまでには少なくとも三世代を要すると覚悟しなければならない。そのうえで、われわれは子供が街からいなくなる五〇年後の国民のために何ができるかを真剣に考える必要がある。人口秩序が崩壊する非常事態に対処する気概のない民族は地球上から消え入る運命にある。それは世界の宝物というべき日本文化の消滅を意味する。

さて、国民が新国家の建設に主体的にかかわることなく、すなわち、窮地に追い込まれてからやむなく、若しくは国際社会の圧力に屈してしぶしぶ、移民国家へ移行する場合の日本はどうなるのだろうか。現世の日本人にも後世の日本人にも大きな悔いが残る。それでは国民が燃えるような精神の高揚を感じることもない。歴史的な仕事に参加した達成感も得られない。新たな国づくりに必要なエネルギーも生まれない。

移民国家の創立という千年に一度の大舞台で主役を演ずるのは国民だ。なかんずく移民と末永く付き合う二〇代の日本人が主導的な役割を果たすのだ。若い世代が歴史的な第一歩を踏み出し、人類共同体社会の樹立に挑むのだ。そのような人類史的課題に取り組めば、日本の若者は身近な外国人への思いやりの心と人類愛をかねそなえた地球人に成長するだろう。

移民国家に生まれ変わることの歴史的必然性について世代をこえて徹底的に議論し、新しい国づくりに国民全員が参加し、人類史に輝く移民国家をつくるビッグチャンスを自分のものにしてほしいと切に願う。

ところで、私が唱える「日本型移民国家への道」は理想論あるいは壮大なユートピア計画といわれるが、その批判は当たっている。問題は、それが直面する人口減少問題を解決する方法として普遍的妥当性を持ち、かつ多くの国民の共感が得られるかである。

私は人口崩壊が加速する将来に不安を募らせる国民に夢と希望を届けたい一心で移民国家構想を提案している。火山の噴火など天変地異が相次いだ二〇一五年の夏。国民が日本列島の将来に対する漠然とした不安を感じる中、私が必死で訴えている移民国家創成論が若者の心を奪ったと思われる出来事が立て続けに起きた。

一つ例を挙げると、二〇代の日本人の五〇％が移民の受け入れに賛成という世論調査（二〇一五年八月二六日の読売新聞）に代表されるように、若い世代を中心に移民に開かれた心を持つ日本人が激増した。時代は移民国家の創成に向かってダイナミックに動き出した。国民が移民と共に生きることに心から喜びを感じる多民族共生社会の樹立も夢ではないと思う。

日本の若者は、全人類に開かれた心の大きさでは世界のトップレベルにあると言っても過言ではない。万物平等思想ですべての神々を受け入れる日本人は、異国の民を人類同胞として暖かく懐に迎え入れるだろう。

私の夢を一ついわせてもらえば、百年後の日本人は、子々孫々の若い世代の身を削る努力が実り、世界の人々が日本への移民をあこがれる人類共同体社会を築いている。

(4)絶体絶命のピンチは飛躍発展のチャンス

人口統計学的推計で日本の未来が明らかになる。最近の人口統計は、地球文明の一翼を担う日本文明が地球上から消えてゆく絶望の未来を指し示している。

かねてより私は「日本の人口崩壊危機は移民国家へ転換する絶好の機会」と国民に訴えている。日本の絶体絶命のピンチを日本の飛躍発展のチャンスに変える未来志向で、心ある日本人が一丸となって日本再生の道を歩んでほしい。

私は移民政策一本の三五年の行政経験を生かし、移民法の制定、移民受け入れ基本計画の策定、入管法の改正などの移民法制のあり方を含む、直ちに移民国家への移行可能な具体策を提案している。人口秩序の崩壊という緊急事態に対処するための実践的移民政策だと自負している。だが、移民政策に対する大方の国民の理解が得られたのかというと、実は、そこまでは至っていない。

まだ乗り越えるべきハードルは高いと感じる。総じて国民は移民受け入れ問題に無関心である。どうすればこの最後の壁を乗り越え、移民国家への道を確固たるものにすることができるか。ひとえに移民政策のオピニオンリーダーを務める私の力量にかかっている。移民の受け入れについて国民の賛同を得るためいっそう努力する。

ところで、日本の歴史において明治維新のときが「第一の開国」といわれるが、明治時代には外国人はほとんど入っていない。江戸幕府が鎖国政策をとっていたからいかにも開国のようにうつるが、「人の開国」ということではメインは五〇〇人ほどの「お雇い外国人」を欧米先進国から招聘しただけだ。奈良時代から続く移民鎖国体制は明治の開国をもってしても微動だにしなかった。

移民一〇〇〇万人構想は、外国人の受け入れという意味では有史以来の日本開国をめざすものだ。一〇〇〇年以上にわたって同じ文化を共有する者ばかりで暮らしてきた日本人の少なからずが、わけても六五歳以上の高齢者が、風俗習慣の異なる外国人と付き合うのは御免蒙りたいと思っているのではないかと推測する。

私と同世代の日本人の気持ちがわからぬでもないが、高齢の日本人に対して心を鬼にして直言する。〈日本人の心の奥にある島国根性をぬぐいさり、異なる民族を人類同胞として迎え入れ、移民との共生関係を築くしか日本の生き長らえる道はない。国民が移民を温かく迎えれば、移民の助けを借りて社会・経済・財政の存続の道が開かれる。移民の受け入れを拒絶すれば、人口崩壊により国の基本制度は崩壊の危機に瀕する。のみならず、社会保障制度のあり方をめぐって負担者の若者と受益者の高齢者の世代間対立の危険が忍び寄ってくる。〉

(5)「一千万人の移民」と「四千万人の人口減」

人口崩壊時代の日本の国のあり方として、理念上は、移民に頼らない選択肢も考えられる。「小さいながらも美しい日本への道」である。一九九〇年代後半の入管時代、私はそのような「滅びの美学」にひかれるところがあった。人口の自然減をそのままの形で受け入れ、少なくなった人口に見合った「ゆとりある日本」を目的とするものである。人口の自然減に従って、九〇〇〇万人の人口になればそれに適した社会をつくり、四〇〇〇万人の人口になればそれに適した社会をつくるというものだ。

人口は国家と経済と社会を構成する基本的な要素である。人口の減少が続けば、国勢は衰える。経済は縮小する。社会の多くが消滅する。そのことは承知のうえで、人口の自然減を日本文明が成熟段階に入ったことによる歴史的必然と受け入れ、国民の生き方・生活様式から社会経済制度・産業構造に至るすべてを人口減少社会に適合するものに改めるというものだ。

ここで強調しておきたい。四〇〇〇万人の人口減に対応する社会の形成は並大抵の努力では達成できないということである。生活水準を大幅に落とす覚悟が国民に求められる。豊かな生活に慣れ親しんだ国民にとって清貧生活は耐え難いものになるであろう。

万が一移民ぎらいの国民が多数を占め、政治が「美しい衰退の道」を選択するということになれば、一〇〇〇万人の移民の協力を得て新国家の建設をめざす私の出る幕はない。あまりにも絶望的な日本人の美意識についていけない老人は去るのみである。以下は、身を引くときに国民に訴える「檄文」である。

〈移民を受け入れる覇気がない国民には、人口崩壊時代の苦難を乗り越える意志も、生き方を根本的に改める気力も、おそらく期待できないであろう。移民鎖国を続ける日本は、東日本大震災からの復興がかなわないばかりか、遠からず経済も財政も国民生活も行き詰まる。やがて手つかずで山積みになった問題や、人口危機の深まりが引き起こした世代間の骨肉の争いの激化とともに『醜い衰退の道』をたどることになろう。〉

それはさておき、では人口ピラミッドの瓦解をまぬがれる具体的な解決策はあるのだろうか。理論上は、直ちに革命的な移民政策を実行に移して世界から有為の人材を大規模に入れること、同時に人口が長期的に安定するとされる二・〇七の出生率を国家目標に定め、出生率の向上に資するあらゆる政策を動員することが考えられる。

ただし、その二つの政策を速やかに実行したとしても、出生者人口が増加基調になるまでには長い時間がかかること並びに一〇〇〇万人の移民を入れても三〇〇〇万人の人口減はとめられないことから、社会革命と政治制度改革を行って人口減少社会の身の丈にあった国家制度を確立することが日本存続のための条件だ。

⑹移民革命と情報革命

遅ればせながらパソコンが使えるようになり、一般社団法人移民政策研究所のホームページとフェイスブックでほぼ毎日、精力的に移民政策を語っている。二〇一三年四月から現在まで、ホームページの坂中オピニオンとフェイスブックの投稿欄に短文（一〇〇〇字前後）を載せている。その数は優に一〇〇〇本を超える。どれもが力をこめて書いた力作である。それが坂中移民政策論を広めるのに絶大な威力を発揮した。二〇一四年以降、移民政策に賛同する若者が急増している。それは国内のみならず世界の若者にも影響が及んだと思われる。

フェイスブック上では、私の問題提起を受けて移民賛成派の人たちの間で建設的な移民国家議論が行われている。コンピュータのネットワークを介して移民政策研究所の坂中英徳所長の移民革命思想が日本中に広まり、ネット上では「移民」「移民政策」「移民革命」「移民一〇〇〇万人構想」などの言葉が広く使われている。ネット世界では移民革命目前の雰囲気が漂っている。新しい国づくりにコンピュータの情報発信力を最大限活用する必要があることを改めて思い知った。

一例を挙げる。二〇一四年七月の移民政策研究所のホームページへの一日あたりのアクセス数が一万一〇〇〇件にはね上がった。この驚異的な数字は若い人たちの多くが移民政策に関心を寄せていることを如実に示すものだ。さらに、二〇一五年八月の読売新聞の「人口減社会に関する全国世論調査」によると、二〇代の日本人の五〇％が移民の受け入れに賛成と答えている。若い世代は坂中オピニオンを読んで移民問題を勉強し、移民受け入れの必要性を理解したのではないか。

わたしは移民に好意的な日本の若者を誇りに思う。精神の許容性の広さでは世界のトップクラスに入るであろう。異なる民族が互いに胸襟を開いて交流する若者たちが多数派を形成する移民国家ニッポンの前途は洋々たるものがあると楽観している。

若い人たちが先陣を切って移民受け入れの論戦が始まったのは画期的なことである。新時代の幕開けを飾るのにふさわしい。最新の情報技術を駆使して日本の歴史に新たなページを加えてほしい。「平成時代の二〇代の日本人が決起して新国家を建設した」「日本の移民革命は情報革命の所産」と、後世の歴史家は移民国家の成立について特筆するであろう。

(7)憂国の士に日本の未来を託す

若い人たちに夢を与える国家目標はあるのだろうか。あまりにも苛酷な人口崩壊時代に生きる日本の若者にぴったりの目標がある。世界中の少年少女が日本への移民を夢見る移民国家の創立だ。日本の未来を担う若者が移民と手を携えて人類未踏の多民族共生国家の創建に挑戦するのだ。これ以上に若い世代のチャレンジ精神をかり立てるものはない。それは若い人たちが新しい生き方を発見する道でもある。日本の若者が異なる民族と真摯な態度で向き合えば、寛容のこころがある日本人と、希望に燃えて日本に移住してきた移民が意気投合し、平和・友好・共生の関係を築けるだろう。

近々、人口ピラミッドが崩壊する時代に遭遇することになる一〇代・二〇代・三〇代の日本人にとって、移民は新しい国づくりの同士だ。移民と力を合わせて日本の展望を切り拓いてほしいと願う。

最近、私のところにくる大学生、高校生、中学生がとみに増えた。エリート官僚の卵や二〇代のジャーナリストも移民政策を勉強するため訪ねてくる。事前に移民政策研究所のホームページの坂中オピニオンを読み、私の移民革命思想に共鳴する若者たちだ。「若い世代の力で移民国家をつくらなければ私たちの明日はない」「たいへん困難な課題であるからこそ挑戦のしがいがある」などと抱負を語る。これらの若者の中に現在は原石だが将来のダイヤモンドが数多く含まれているにちがいないというインスピレーションが働いた。彼らを中核メンバーとする新しい運動体が発足し、移民国家の創成を目標に掲げる学生運動が起きることを期待する。余生を移民革命にかける私にとって若者が新国家建設に立ち上がることは最高の喜びである。

さて、私は二〇一〇年七月、急がないと日本が危ないと危機感を感じ、わかものが移民政策について議論を戦わせる「移民国家創成塾」を開設した。これまで月一回のペースで約五〇回の勉強会を開催し、一〇〇人を超える移民政策の専門家を育てた。

移民立国に自分たちの将来をかける若者がひざを突き合わせて議論している。幕末の吉田松陰が講義した松下村塾を彷彿させるものがある。命が尽きるまで移民国家創成塾を主宰し、移民政策の専門家を世に送り出す。

いよいよ坂中移民国家構想の運命の決まる日が近づいてきた。最近、石破茂地方創生担当大臣を筆頭に憂国の情が厚い政治家が移民開国の声を上げた。ミスターイミグレーションに残された最後のミッションが、移民立国の歴史的決断を政府にお願いすることである。この大詰めの仕事は多くの人々の協力を得なければ目的を達成できない。国民の多数が移民を歓迎する世論を形成し、国民が移民立国を政府に迫る形で――世界に例のない平和的で民主的な方法で、世界史に残る移民革命の偉業を成し遂げたいと思っている。

移民国家への大転換のような平成維新は、明治維新のときの吉田松陰、高杉晋作、坂本龍馬らのごとき、二〇代の志士が決起しないと成功しない。

今こそ平成の若き国士たちが移民国家の樹立のため行動を起こす時だ。いつの世も歴史を動かすのは決まって若い人たちだ。志と行動力のある若い精鋭たちが新国家建設の主役を演じ、政策通で老練の私が後方からそれを支えるのがあるべき姿だ。

私は移民政策を立案した責任者として象徴的な役割をはたす。移民革命の理論的指導者の責任を逃れるわけではない。仕事の力点を理論形成から啓発活動に移すということである。私が一歩引くことによって、坂中ドクトリンに共感する新進気鋭と各界の叡智が集結し、大構想の実現が早まることを期待する。

古希を迎え、天職を授かった晩年をどのように生きるかを思うようになった。身を引く時を誤ってはならないと心に刻み、移民革命の志を引き継ぐ若者の育成につとめる。

移民国家の建設が政治課題に急浮上した今、移民革命の指導者には的確な情勢判断と果敢な行動が求められる。老骨にむち打って移民国家の土台を築くため全力をあげる。それを速やかに実現し、できるだけ早く第一線から引退し、移民に対するオープンマインドの持ち主の少年少女たちに日本の将来を託したい。

来るべき移民国家を背負う大黒柱にバトンをつなぐのが私に課せられた使命である。そのことについてはあまり心配していない。世界各国の歴史が物語るように、民族の存亡がかかる時代には世直しに立ち上がる人物が輩出し、その中から革命を牽引する国民的リーダーが出現するものである。時代の要請にこたえる人物はどこの国にも必ずいる。二一世紀の日本にも国を救う巨星が現れるだろう。

二〇一五年六月二二日、移民を求める世論の高まりに呼応して、「移民政策をすすめる会」（野田一夫会長、坂中英徳政策アドバイザー）が発足した。野田一夫日本総合研究所会長を長とする二〇名の精鋭が、移民賛成の国民の声を結集し、移民立国の決断を内閣総理大臣に要請するため立ち上がった。

この会の発会の日、野田一夫先生を囲んでわれわれは何をなすべきかについて自由討論を行った。老と壮からなる平成の侍が一丸となって国事に奔走する態勢が整った。私は移民政策の専門家の立場から野田先生を全面的に支える決意を表明した。

人口崩壊と社会消滅の危機が迫る祖国を救うべく集まった憂国の士が、移民国家への道は最終局面に入ったとの認識に立って、産業界、教育界、地方公共団体など諸団体の移民賛成の声を吸い上げ、掘り起こし、盛り上げ、それを政治に伝える役割をはたす。

移民政策をすすめる会の初会合では、五時間にわたって議論が戦わされた。この日八八歳の誕生日を迎えられた野田一夫会長は最後まで熱い議論に参加され、大所高所から私たちを導き、私たちに檄を飛ばされた。日本を代表する知識人の謦咳に接した若い人たちはこの日を忘れないであろう。移民革命前夜の熱気があふれるなか、ひとり私は天の時と人の和を得た喜びにひたった。

「二〇一五年六月二二日」は、移民革命の志士たちが集結した日として日本の歴史に刻まれるだろう。

第4章　日本型移民国家の誕生

(1)東京五輪と移民立国の相乗効果で国運が上向く

いま日本が世界に緊急にアピールすべき国家政策は何か。人口崩壊の危機に襲われた日本を起死回生させる策を一つ挙げろと問われれば、私は躊躇《ちゅうちょ》なく移民立国と答える。首都東京を筆頭に全国いたるところで少子高齢化が進行中の日本は、移民国家ジャパンを世界の人々に広く知ってもらう千載一遇の機会とめぐり合った。二〇二〇年の東京五輪の開催である。

国民は日本への移民を希望する世界の若人を人類同胞として歓迎する。政府は世界の人材を安定した法的地位の移民で迎えるための移民法制を完備する。オリンピック見物で日本を訪れる世界の若者は日本への移民の期待に胸を膨らますであろう。

二〇一五年の夏、東京オリンピックの関係で、新国立競技場建設計画の白紙撤回問題、東京五輪エンブレム白紙撤回問題という、日本に対する世界の信用を損なう問題が相次いで起きた。日本の信頼を回復するためにも、東京オリンピックを盛り上げるためにも、今こそ政府が、「日本は東京五輪の開催と合わせて移民開国を断行する」と世界に表明するときだ。東京五輪と移民立国の相乗効果で国運が飛躍的に上向くことは言うまでもない。

移民先進国の間で移民排斥の動きが見られる中、世界の人たちはこぞって日本の移民開国を歓迎する。「移民に冷たい国」から「移民に温かい国」へと、世界の人々のいだく日本イメージは一新される。

政府が東京オリンピックの開催前のタイミングで移民国家宣言を行い、かつ移民審査窓口を設置するなど用意万端を整えてオリンピックを迎えれば、オリンピック見物で訪れる四〇〇〇万人の外国人観光客の中から、日本永住を熱望する移民候補が永住手続きの相談で全国の入管に殺到するほか、東京が世界都市と世界から認められるなど、その効果は絶大である。

こんなビッグチャンスは二度と巡ってこない。二〇二〇年を移民元年とし、東京オリンピックの大舞台で移民国家ジャパンの華麗な姿を披露すれば、クールジャパンに憧れる世界の若者から歓声があがるだろう。世界の若い人たちの祝福を受けて誕生する移民国家の未来は希望に満ちた輝かしいものになるだろう。

そのぎゃくに、もしも移民鎖国のままで東京オリンピックに臨んだ場合、日本はどうなるのだろうか。次のような取り返しのつかないダメージをこうむる。

①移民の門戸を固く閉ざす日本イメージが世界中に広まる。いったん定着した国のマイナスイメージをくつがえすのは容易なことではない。国運が尽きた後に日本が移民立国の国に移行したとしてもその前途は暗澹たるものになろう。

②人種・民族・国籍の壁を乗り越えて世界の若人が集うオリンピック精神を理解しない国として世界の批判を招きかねない。あるいは移民を拒否する日本にオリンピックを開催する資格があるのかという批判の声が国際社会の一部からあがるかもしれない。

③二〇二〇年のオリンピックの年には数千万人の外国人観光客が来日すると見込まれるが、そのなかには日本への移民を希望する外国人が多数含まれる。日本は世界人材を獲得するまたとないチャンスを逃す。

(2)東京世界都市構想の提言

東京はオリンピック開催を機にニューヨーク、ロンドン、パリとならぶ「世界都市」に立候補してはどうか。東京が世界都市と世界から認められるためには、「都民の一〇人に一人が移民の東京」、「世界の若者が移住したいと憧れる東京」に変貌することが前提条件である。

東京世界都市構想の実現に向けての第一歩として、経済、金融、学術、芸術、建築、ファッション、スポーツ、料理などの分野に世界の人材を迎え入れる入管法上の優遇措置を柱とする「東京移民特区構想」を提案する。

①「高度専門職」、「経営・管理」、「法律・会計業務」、「技術・人文知識・国際業務」、「医療」、「介護」（新設）、「建設技術」（新設）、「製造技術」（新設）、「伝統工芸芸能」（新設）、「教授」および「芸術」の在留資格を有する外国人に対し、国は入国後三年で「永住」を許可する。

②官民を挙げて留学生に対する就職支援を積極的に行い、東京都内にある企業等に就職が決まった外国人に対し、国は入国後五年で「永住」を許可する。

二〇二〇年の東京五輪は、世界の多彩な人材が活躍する「移民に開かれた日本」を世界の人々に売り込む最高の舞台になる。また、オリンピック見物で東京を訪れる約四〇〇〇万人の外国人観光客の中から厳選して移民候補を受け入れる絶好の機会である。

オリンピック憲章にのっとって東京オリンピックを大いに盛り上げるために、東京都は移民開国・日本開国の旗振り役をはたす。国は大量の移民の入国をスムーズに進めるために、移民法の制定、入管法の改正、移民相談窓口の設置など受け入れ体制の整備を急ピッチで進める。

(3)移民政策のポイント――「移民枠」の設定

二〇一五年六月、移民政策研究所で、中国社会科学院日本研究所の三人の研究員と面談した。日本語が堪能な日本研究者は私の最新作の『新版日本型移民国家への道』を熟読しており、話が弾んだ。中国側の関心事は「日本の移民政策の現状」と「坂中英徳の日本型移民国家構想の実現可能性」であった。私の話は中国政府首脳にも伝わるので慎重に言葉を選んで話した。その発言の要旨は以下のとおりである。

①人口崩壊問題の重大性についての認識は深まったが、人口問題の解決策としての移民政策については国民と政治家の理解が得られていない。その最大の理由は、潜在的な人口流出量が巨大で、日本との関係が危険水域にある中国の存在である。国民の間に反中国人感情の高まりが見られる中、中国人に係る移民問題の具体的解決策を国民に示さない限り、日本の移民政策は前に進まないと考えている。

②以上のような基本的立場から日本型移民国家構想を立案した。第一に、世界各国の国民をバランスよく移民として迎えることを移民国家の基本にすえる旨を「移民法」（新法）に定める。そのうえで、移民の国別量的規制を行う根拠規定を設ける。それとともに、世界の人材を安定的に確保するため友好国との間で「移民協定」を締結する。

③近未来の日中関係については心配していない。長い目で見れば、漢字文化を共有する日本人と中国人は信頼関係と友好関係を築けるだろうと楽観的に見ている。

日本型移民国家ビジョンの動向に関心を抱く中国人研究者は私の話を静かに聞いていた。異論を唱える場面はなかった。日中関係の未来にも話が及び、なごやかな雰囲気の中で議論を終えた。以上の所説が含まれている英文の論文集『Japan as a Nation for Immigrants』を謹呈した。世界の移民問題の専門家に衝撃を与えたこの論文は中国の知識人にも影響が及ぶ可能性がある。

(4)反日外国人の入国はお断り

私は一般社団法人移民政策研究所の所長として、人口崩壊の迫る日本を救うためには、五〇年間で一〇〇〇万人の移民を受け入れる必要があると主張している。そんな私に対し、一握りの国粋主義者や排外主義者は「売国奴」などと非難・罵倒をあびせる。二〇一四年二月以降は、移民政策に関する国民的議論が本格化したことから坂中英徳に対する攻撃が激しくなった。

しかし、私は移民革命の伝道者として自由に意見を述べることができる。日本社会から抹殺される心配はない。過激な考えの持ち主が移民革命に加えて社会革命と日本革命を政府に迫っているが、政治家から圧力がかかることはない。

一方、韓国では戦後一貫して、国民総がかりの激しい攻撃が「親日家」の人々に対して向けられてきた。親日家の政治家や知識人は「売国奴」のレッテルを貼られ、沈黙を強いられ、やがて社会から消えていった。

その結果どうなったか。今日の韓国は大統領以下全国民が「反日家」のかたまりの様相を呈している。親日家の姿は見る影もない。国全体が反日を売り物にする異様な国といわなければならない。

韓国人は「反日」のスローガンでしか一つにまとまれない国民なのだろうか?そうであれば、日本人はそのような国民と良好な関係を結ぶことはできない。

韓国が、反日の世論しか成立しない、決して親日家が育たない、そういう国の体質を改めないかぎり、日韓の真の友好関係は築けない。

戦後の日本国民が韓国に対して持つイメージは、「独裁国家」→「民主主義と経済発展の国」→「文化的魅力のある国」へと劇的に変遷してきた。韓国国民が日本のことを客観的に見るようになり、韓国人のいだく対日イメージがダイナミックに転換することを期待してやまない。

ひとこと付け加える。世界各国の移民政策を見ると、国民の好感度や外交関係などを総合的に考慮して国籍別の移民受け入れ枠を決定している。日本国民は反日思想で凝り固まった移民の入国を許さないから、日本の移民政策は反日教育に熱心な国からの移民を制限するものにならざるを得ない。

⑸坂中英徳は危険な人物？

移民革命の理論的指導者が批判の集中砲火を浴びるのは当然だ。移民一〇〇〇万人構想を提唱する私に個人攻撃が集中するのも当然である。一切の責任は移民革命の口火を切った坂中英徳にある。一民間人として公明な態度で言論の戦いに挑んだので何もおそれるものはない。いかなる批判・攻撃にも堂々と受けて立つ。移民政策論議では誰にも負けない自信がある。

それにしても、身の不徳を恥じるようなことは何もしていないのに、なぜ非難と罵倒が押し寄せてくるのか。なぜいつも単身での闘いになるのか。

現状維持を好む日本の知的風土にあっては、社会の常識をくつがえす異端の徒や、社会の根本的な変革を志す革命家は嫌われるということではないか。世間の一般的な見方からすると、移民一千万人の旗を振る坂中英徳は当代随一の危険人物ということなのだろう。

まさか「革命家」と呼ばれる人間になるとは夢にも思わなかった。かけがえのない日本民族が永遠に存在することを願う保守主義者であると自他ともに認めていた。だが、世界の知識人の間に「移民革命の先導者」の名が定着している以上、日本の国のあり方を根底から変える革命家として生涯を終える定めなのだろう。移民革命の理論的リーダーの任を全うする覚悟を決めている。

さて、二〇一五年は移民政策が急展開した年だった。坂中英徳が危険な人物と恐れられる時代はおわった。平成の革命家の奮闘努力によって移民国家をつくる夢が実現する可能性が高まった。穏健な日本人が革命家の提案に耳を傾ける時代がやってきた。

二〇一五年四月の朝日新聞の「移民に関する世論調査」の結果が、移民賛成が移民反対を上回ったことに代表されるように、国民の移民を見る目が変わった。くわえて、人口崩壊の脅威が国民の間に広く浸透したこと、外国人観光客の急増で外国人に親近感を覚える国民が増えたこと、内閣官房が移民革命を提唱する坂中英徳移民政策研究所長を講師で呼んだこと、榊原定征経団連会長が移民の受け入れを国に迫ったこと、石破茂地方創生担当大臣が移民政策推進の立場を明言したことなどが重なり、日本の歴史は移民立国に向かって力強く動き出した。

二〇一六年は日本が移民国家への歴史的な第一歩を刻む年になると予感する。

⑹ヘイトスピーチ団体の不倶戴天の敵

移民亡国論者たちは日本民族の消滅危機を正視しない。迫り来る人口秩序の崩壊に対処するための政策を考えることもない。もっぱら移民排斥を叫ぶ人たちだ。その代表格のヘイトスピーチグループはマイノリティーを攻撃する人種憎悪団体だ。

移民反対派の書いたものを読むと、人口危機が深まって経済、社会、文化が衰退する日本の将来を憂える人はいない。移民政策に代わる人口問題の解決策を示す人もいない。

移民が入ってくると日本文化の純粋性が損なわれると口をそろえて言うが、肝心の日本文化の担い手（日本民族）が消えていくことについては危機感を持っていないようだ。

最近の日本の世論は健全な方向に進んでいる。「結婚しろ」「子供を産め」「外国人お断り」と公言することが禁句になった。これは反移民陣営にとって痛手となる。

子供をつくることを声高に叫ぶことが許されなくなった。「移民は嫌い」「移民は帰れ」などのアジ演説をぶつことができなくなった。

しかし、移民革命による日本のビッグバンを提案している私への批判・罵倒が殺到する状況に何ら変わりはない。インターネットの世界では、ヘイトスピーチを叫ぶ団体による「移民一〇〇〇万人の坂中英徳は売国奴」という名指しの攻撃が激しさを増している。

そのことについては、日本人が大事に守ってきた移民鎖国体制の打倒を主張しているのだから、過激な移民反対運動が起きても不思議ではないと考えている。移民反対派にとって移民革命の主役を務める坂中英徳は不倶戴天の敵なのだろう。そのうえ、特に在特会＝ヘイトスピーチ集団は、在日朝鮮人の法的地位の安定をもたらした『坂中論文』（一九七五年）の著者を目の敵にしている。おそらくヘイトスピーチ団体は設立当初から坂中を最大の標的にすることを決めていたのだろう。

四〇年来の因縁の闘いである。こればかりは誰の助けも求めるわけにはいかない。これは運命だと自ら慰め、人種憎悪団体、国粋主義団体の攻撃を一身で受けとめる。人種差別や民族差別を主張する排外主義団体にくみしない国民の良識が救いである。

在日朝鮮人の処遇のあり方に言及した坂中論文を公表した一九七七年から、一〇〇〇万人の移民を受け入れる移民革命を提唱している今日まで、日本の禁忌を破ることを公言してはばからなかったので、左翼からも右翼からも、過激派からも暴力団からも、ありとあらゆる罵詈雑言・脅迫・個人攻撃を受けた。命がいくらあっても足りないような目にあった。今も元気で活躍しているのは天が守ってくれたおかげだとしか言いようがない。

何回も修羅場を経験して強い精神力が形成されたのだろう。移民政策の提言が四方八方から批判されるのは正論を吐いた人間に対し天が与えた試練と受け入れる。ひとり孤高を持する時代が続く中、坂中攻撃が激しくなればなるほど信条を固く守り、時節の到来を静かに待つ。

一人でタブーとの闘いに挑み、決してひるまなかった不屈の精神は健在である。風雲急を告げる時を迎え、移民政策一本槍の老闘士の志気は高い。

(7)『WiLL』に載った移民興国論

硬派の雑誌『WiLL』(二〇一五年一月号)に「移民国家で世界の頂点をめざす」と題する小論文が登載された。移民に反対の読者も少なくないと思われる保守系の月刊誌に載った論争的文章である。

「人口秩序崩壊と移民立国」、「日本版奴隷制度の実態」、「移民政策のポイント」(移民市場の創出)、「反日外国人はお断り」(「移民枠」の設定、反日外国人の入国阻止)、「日本全体が潤う」(人材育成、地方創生のマンパワー)、「移民元年へ!」(二〇二〇年を「移民元年」の歴史的な年にしよう)のテーマで移民興国論を展開した。

たとえば、「人口秩序崩壊と移民立国」の項において、人口秩序の崩壊に起因する全面崩壊を免れる方策は、「人口が長期的に安定するとされる二・〇七の出生率を国家目標に定め、出生者の増加に役立つあらゆる政策を動員するとともに、革命的な移民政策を採用して移民人口を大幅に増やすことだ」と指摘した。

「反日外国人はお断り」の項では、国民が強い懸念を抱く反日外国人の入国問題について、「国別の量的規制を的確に行える移民法を制定することで、韓国、中国のように反日教育に熱心な国からの移民を厳しく制限できる」と明言した。

さらに「地方創生のマンパワー」の項では、「移民政策の導入と軌を一にして、地方に在住する移民と日本の若い世代が『ふるさと創生』のスローガンを掲げて立ち上がり、都市部から農村部への人口移動の大波が起こることを期待する。移民はその起爆剤となる」と述べた。

「移民元年へ！」の項において「二〇二〇年を『移民元年』の歴史的な年にしよう」と国民に呼びかけて論文を結んだ。

『ＷｉＬＬ』の読者の移民政策に対する誤解が解け、移民問題を静観している保守派の人たちが移民賛成に回ることを期待する。

(8)『朝日』と『読売』が移民問題で動いた

二〇一五年四月一八日の朝日新聞が、「戦後、移民――日独世論調査」の結果を発表した。それによると、「永住を希望して日本にやってくる外国人を、今後、移民として受け入れることに賛成ですか。反対ですか」

の質問に対して、移民に賛成が五一%、移民に反対が三四%で、賛成が反対を上回った。『朝日』は、この世論調査の結果を踏まえ、移民政策推進の立場で論陣を張ってもらいたい。

同年八月二八日の朝日新聞の社説は、経団連が近く「日本型移民制度」の検討を始めることを歓迎すると述べたうえで、「移民問題を国民全体で議論していきたい。欠かせないのは『生活者』の視点を徹底することだろう」と注文をつけた。

『朝日』が次のように指摘している点は同感である。「日本型移民制度が、技能実習制度や、研究開発などに携わる『高度外国人材』受け入れ制度の隙間を埋め、人件費の抑制をはじめ経営の利便を高めるだけの内容にとどまるなら、国民からの批判は免れまい」。

いっぽう、朝日新聞は「まずは検討を始める。その一歩を踏み出すことが重要だ」と、時計の針を戻すような言葉で論説を結んだ。しかし、前例を見ない人口危機が切迫する日本に、『朝日』の論説子のようにのんきに構えている暇はない。榊原定征経団連会長が経団連主催の夏季フォーラムで述べたように、人手不足が深刻化する日本は「移民に頼らざるを得ない」危機状況にある。移民政策について「検討を始める」ときはとおに過ぎた。今は「移民開国」を政府に迫るときだ。

同年八月二六日の読売新聞が、「人口減社会に関する全国世論調査」の結果を発表した。それによると、「人口減少社会への対策として、日本に定住を希望する外国人を、移民として受け入れることに、賛成ですか、反対ですか」の質問に対して、移民として受け入れることに賛成が三八%、反対が六一%、二〇歳代では賛成が五〇％、反対が四九％に上った。

読売新聞が移民問題をほとんど報道しなかったにもかかわらず、次代を担う二〇代の半数が移民の受け入れに賛成という調査結果に接して驚いた。世界各国の若者と比べて、日本の若者は最も広い心で移民を迎える用意があると知って感動した。移民に寛大な心を持った日本人が運営する移民国家は世界に光輝を放つだろう。

『読売』は、この世論調査の結果を踏まえ、移民賛成の立場で社説を書いてもらいたい。その場合、二〇代の日本人の五〇％が移民の受け入れに賛成していることの持つ歴史的意義を強調してほしい。

日本の人口減少は「深刻だ」と考える人が八九％に達したことは、国民の圧倒的多数が人口崩壊の脅威を敏感に感じていることを如実に物語るものだ。人口減少を深刻な問題と回答した人と移民の受け入れに賛成と回答した人との間にはなんらかの相関関係があるのではないか。

政府が掲げる「二〇六〇年に人口一億人確保」を達成すべきだと思う人が七六％に上ったことをどう評価するか。出生者人口の増加は、当分の間、期待できないから、一千万人規模の移民を入れないかぎり一億の人口確保は不可能だが、人口が高齢化する国民に大量の移民を受け入れる覚悟はあるのだろうか。

今回の『読売』の世論調査の結果から、移民革命の主役は世界に開かれた心を持つ平成世代の若者であること、一方で了見が狭い年寄りの出る幕はないことの二点を確認した。そのうえで、こと移民の受け入れに関しては、昭和世代は平成世代のいうことに黙って従うべきとの思いを強くした。

第5章 経済と移民

(1)アベノミクスは日本経済を成長軌道に乗せられるか？

生産人口と消費人口の激減が続くなかでアベノミクスは日本経済を成長軌道に乗せられるのだろうか。日本銀行がマイナス金利の導入など大胆な金融緩和策を次々と打ち出しているが、内需を拡大し、実体経済を活性化させることには成功していないようだ。当然である。人口減少問題の解決と、人口減に起因して細る一方の内需の回復を日銀に期待するほうが間違っている。

いまこそ、戦略的に移民を受け入れ、多様性を新たな力とする「移民ノミクス」(『日経ビジネス』(二〇一六年四月四日号))の出番である。

日本人が移民鎖国のイデオロギーをかたくなに守るかぎり、働き手の減少と消費の低迷が続くので成長戦略は立てられない。日本政府が移民政策はとらないという立場に固執すれば、経済成長どころか、日本経済は危険水域に陥ると断言してはばからない。

そうではなくて、政府が移民はノーという時代錯誤の考えを改め、五〇年かけて一〇〇〇万人の移民を計画的に入れることを決断すれば、移民関連産業が勃興し、巨大な移民市場が成立する。移民政策がもたらす経済効果は極めて大きいと考えている。一例を挙げれば、一人の移民の消費額は一人の外国人観光客の落とす額の一〇倍以上にのぼるという試算もある。

安倍晋三内閣が移民立国を宣言すれば、まず移民に住宅を供給する不動産業や料理を提供する外食産業などへの直接投資が増える。移民が入国し居住するようになると、移民は生活者・消費者であるから、衣食住関連に加えて、自動車、電気製品、情報機器など高額の生活関連商品を購入する。日本語の勉強などの教育費も相当な額にのぼる。それらが新たな需要と供給を生む相乗効果によって移民市場が拡大してゆく。

また、国内需要の拡大と国際人材の安定的確保の見通しが立ち、日本企業の国内回帰の動きが見られる。若年の移民人口が消費人口・生産人口に加われば、自動車産業など製造業の海外移転の動きにブレーキがかかる。海外の機関投資家は、移民政策で人材供給と内需の伸びが計算に入る日本経済の実力を見直し、日本への積極的投資に向かうであろう。

話は財政の問題に移る。二〇一五年末現在の国と地方を合わせた長期債務残高は一〇〇〇兆円を突破した。万一、人口問題の解決に有効な移民政策を欠き、人口増加期に作られた諸制度を放置すれば、国が抱える借金は雪だるま式に増える。その場合、一〇年を待たずして国家財政が破綻し、日本終焉へのカウントダウンが始まるであろう。

国民が自らの身を削り、全員で痛みを分かち合う国民精神が形成されることを前提に、社会保障と税の一体改革を確実に実施するとともに、総計一〇〇〇万人の移民に税金と社会保障費の一部を負担してもらうこと、それ以外に最小限の社会保障制度を守り、財政破綻をまぬがれる道はないと考える。

結論を言えば、人口激減社会に対応するための抜本的制度改革を行うこと、長期間の緊縮予算を組むことを条件に、入国時には一〇代・二〇代が大半の移民一〇〇〇万人が、納税者および社会保障制度の担い手として新たに加われば、財政再建の見通しが立つだろう。

⑵アベノミクスに欠けている矢――移民政策

二〇一三年六月二〇日、東京で『ウォール・ストリート・ジャーナル』（ビジネス・アジア）の編集長のジョセフ・スターンバーグ氏の取材を受けた。人口崩壊と移民政策とアベノミクス（特に成長戦略）の関係に焦点をしぼって議論した。人口崩壊が迫る日本の成長戦略には移民政策が欠かせないとの認識で一致した。

その時の私の発言要旨は次のようなものであった。

〈少子高齢化が激化する状況下でアベノミクスが日本経済を成長軌道に乗せるのは至難の業だ。生産年

齢人口を増やす効果のある移民政策を抜きに日本の実のある成長戦略は立てられない。〉

するとその六日後の二六日。スターンバーグ編集長の書いた論説がウォール・ストリート・ジャーナル紙（アジア版）のオピニオン欄に載った。

タイトルはそのものずばり「アベノミクスに欠けている矢——移民政策」。そこでアベノミクスにおける移民政策の必然性が明快に示された。この記事は日本の政界・官界・経済界と世界の投資家に大きな影響が及んだと思われる。

〈安倍首相が名祖の日本経済再生プログラムで象徴的な改革を一つ挙げるとするならば、移民政策だろう。

新たな消費者や労働者を輸入する形になる移民は、企業による国内の設備投資を刺激する上できわめて重要である。納税人口の基盤が拡大すれば、日本政府の財政状況も改善される。移民には国外からの直接投資を推進し、生産性を高める効果もある。

こうしたことから、移民改革は安倍首相が約束した大胆で根本的な変革そのものとも言える。ところがアベノミクスにおいて移民改革が最も象徴的なのは、日本の将来にとって重要であるにもかかわらず、ほぼ完全にアジェンダから漏れているという点なのだ。

移民政策研究所の坂中英徳所長によると、日本が人口の自然減を相殺するためには、二〇五〇年までに一〇〇〇万人もの移民が必要だという。安倍首相が掲げる他の目標の多くも、最終的には移民にかかっている。たとえば安倍首相の計画は、母親の仕事復帰を促すために開設される数千もの託児所で働き手が確保できるのかという疑問に答えていない。その最も妥当な解決策は移民であろう。〉

さらに加えて、二〇一四年五月一九日の『ジャパンタイムズ』に「アベノミクスの成功は移民政策にかかる」という見出しの長文の記事が載った。

日本経済の将来を決定する二つの重要なファクターである「人口」と「移民」、それらと経済成長の関係の本質に迫ったこの記事は内外にインパクトを与えたのではないか。

冒頭部分で「生産人口と消費人口の減少が続く日本においては、移民の受け入れなくして成長戦略は立てられない」という私の持論を紹介した。

そして、「安倍首相が日本に永住する移民ではなく期間限定の外国人に限って受け入れることを決定すれば、アベノミクスは失敗に終わるだろう」という私の警告の言葉で評論を結んだ。

世界大恐慌の気配すら感じる最近の経済情勢に強い危機感を覚える。以下に、日本経済・世界経済と日本の移民政策の関係について所感の一端を述べる。

〈生産人口と消費人口が激減する日本の経済を安定軌道に乗せるには、生産者であり消費者である移民人口を安定的に供給する移民政策をフル活用する必要がある。安倍内閣が移民国家への転換を決定すれば、移民大国の誕生を待ち望んでいた世界の投資家は日本買いに走る。それが起爆剤となって、株価の暴騰、不動産価格の上昇、移民市場の成立など、日本経済の発展を支える新エネルギーが生まれる。こうした経済の好循環による経済効果は計り知れないものがある。それだけではない。移民国家日本は、世界同時不況の悪循環にはいりこんだ世界経済を牽引する重要な役割を果たすであろう。〉

(3)榊原定征経団連会長の歴史的発言

人口減少の直撃を受けているというのに、どうして産業界は移民受け入れの声を上げないのだろうか。生産人口と消費人口の増加に貢献する移民政策は産業界にとっても大きなメリットがあると思うが、何を恐れているのだろうか。正しい外国人受け入れの典型とされる移民政策が導入されると、外国人労働者を低賃金でこき使う現行体制が崩れることを嫌っているのだと批判されても仕方あるまい。

もともと国家的見地から物事を考えることの少ない人たちである。自分の会社の利益のことしか頭にない経済人に天下国家のことを考える人士はいないとあきらめるしかない。

ところが、経済界が総論として移民に反対かというと、実はそうではない。経済人に本音を聞くと、内需の拡大とグローバル人材の獲得が見込める移民政策に賛成という答えが返ってくる。少子化による人手不足が激化する中、経営者の総本山の財界は日本経済に活力と安定をもたらす移民政策に魅力を感じているのは明らかである。

経済界が移民を欲するというのであれば、自らの外国人処遇のあり方を正してからにしてもらいたい。

何よりも先に、日本人よりも劣悪な労働条件で使っている外国人雇用の現状を改めるべきだ。

さらに注文をつければ、世界市場において世界の企業と互角の勝負を挑むためにも、国籍・民族・性別に関係なく能力本位で地位や給与を決定する経営風土と、世界人材の能力を引き出し活用する経営方針を早急に確立する必要がある。

およそ移民は、日本で一旗上げようとして移住してくる人たちである。実を粉にして働き、地域社会に根を張り、地域の活性化に貢献する。やがて大半が進んで日本国籍をとる。

まもなく訪れる大量移民時代の経済界は、将来の国民である「移民」を雇用する場合に、「正規雇用」と「同一労働・同一賃金」の原則を厳守してもらいたい。日本人と移民の経済格差を広げるようなことは絶対してはならない。

さて、「君子豹変す」という言葉があるが、日本経済団体連合会（経団連）が移民政策に関する態度を急転回させた。榊原定征経団連会長の爆弾発言が飛び出した。

二〇一五年七月二四日の産経新聞によると、経団連の榊原定征会長は同月二三日、長野県軽井沢町で開催された夏季フォーラムで次のように語ったという。

「（日本は）移民に頼らざるを得ない。経団連が中心となって受け入れのための制度を設計する必要がある」「国は移民に対して拒絶的だ。ドアを大きく開けないといけない」「今後、建設業や医療、製造業など幅広い分野で人手不足が深刻化するから、受け入れ拡大が不可欠」。

経済界トップのグッドタイミングでの勇気ある発言を評価する。榊原発言に接して移民革命の鬼の坂中英徳の目に涙が浮かんだ。移民革命の夢がかなう日は近いと実感する。

経団連会長の迫力ある国への進言は移民開国への決定的な一言となった。これまで移民受け入れに消極的であった大企業の経営者たちは雪崩を打って移民賛成に回るだろう。経団連の政策提言を受けて政府が重い腰を上げ、オープンドアの移民政策を決断するであろう。

榊原経団連会長の歴史的発言をターニングポイントに、日本は移民立国への歴史的な第一歩を踏み出す。榊原定征氏の力強い言葉に勇気づけられ、移民国家の創始者の責任を全うしなければならないとの決意を新たにした。

⑷世界の投資家の投資戦略と移民政策

私は二〇一四年三月初旬、日本の移民政策の動向に関心を寄せる米国最大手の投資顧問会社（四社）の幹部たちと会って、日本の移民政策と対日投資行動の関係にテーマを絞って討論した。以下は、世界的視野から長期運用の株式投資で巨額の金を動かしている機関投資家の見解である。日本への投資を決める現場の責任者から生々しい本音の話を聞いて衝撃を受けた。

〈この一〇年ほど、生産人口と消費人口が減る日本を投資対象国とは見ていなかった。人口危機の問題を解決する有効な手を打たない日本に失望していた。実は、移民政策については議論すらされない状況が続いていたので、日本政府は移民を受け入れる気がないとあきらめていた。

坂中構想の年間二〇万人の移民受け入れでは生産人口の激減をカバーするには不十分だ。将来は移民の数をもっと増やす必要があるが、当面は移民に加えて女性と高齢者の活用で生産人口の不足を補うしかないだろう。

日本の移民政策は、財政破綻の問題、アベノミクスの成長戦略、世界の投資家の対日投資行動と密接に関連する。なかでも、日本政府が移民開国を決定するかどうかを踏まえての、われわれ機関投資家の対日投資戦略が日本経済に大きな影響を及ぼす。坂中移民国家構想の早期実現を望む。〉

私は世界の投資家たちとの議論を通して、世界の巨大投資家グループの対日投資戦略と日本の移民政策は完全にリンクしていること、日本が移民大国に転換すれば世界の機関投資家は日本買いに向かうこと、それを契機に日本経済の好循環が始まることを確認した。

同じく、同時期の『週刊現代』（二〇一四年三月二九日号）の巻頭を飾るインタビュー記事（「日本経済に何が起きるか、教えましょう」）において、世界一の投資家といわれるジム・ロジャーズ氏が「日本の移民政策」を語った。移民政策の実行を安倍首相に迫る部分は説得力がある。政府首脳は知日家のジム・ロジャーズ氏の助言に耳を傾けるべきだ。

〈この二月の衆議院予算委員会で、安倍首相が移民政策について「国民的議論を経た上で検討する必要がある」と語ったことは前向きな姿勢だと受け止めています。

日本という国は移民を嫌い、これを受け入れてこなかったことで多様性が失われてしまいました。そのうえ、これからはいまだどの国も直面したことのない急激な人口減少・少子高齢化社会に突入することになります。

国を移民に対して開くことで、この二つの大問題を解決することができるのです。現在の安倍政権の動きを見ると、移民政策についてはこれまで目立った政策を実行していません。手をこまねいていれば、アベノミクスによる悪影響が日本経済を蝕むばかりです。安倍首相は、できるところから一つ一つ、いますぐにでも手をつけなければなりません。〉

近年、ジム・ロジャーズ氏を筆頭に世界の有力投資家がアベノミクスの成長戦略との関係で、「移民鎖国を続ける日本は売り」という発言を繰り返している。彼らは「日本経済のアキレス腱である人口問題を解決する切り札＝移民政策を使わない日本は投資対象国として魅力がない」と警鐘を鳴らしているのだ。日本の政策当局は、これがウォール街に生きる機関投資家の冷厳な対日投資戦略であると深刻に受けとめるべきだ。

(5)銀行と移民

移民経済において循環器の役割をはたす移民銀行を創設してはどうか。この本邦初の銀行は、日本に身寄りのない移民が、住宅を借りて生活基盤を整える、学校で日本語を勉強する、会社を設立するなどのために必要な資金を無担保・無利子で貸し付けることを主たる業務とする。

その概要は以下の通りである。政府と機関投資家が出資する一兆円の資本金で発足する。顧客は最大一〇〇〇万人に及ぶ移民とその家族。貸付額は一人当たり三〇〇万円を上限とし、入国後五年間は返済を猶予する。

移民銀行が移民市場の活性化の呼び水となる資金を移民に融資することから移民の経済が動き始める。移民銀行は、移民の定住支援に特化した銀行として世界の注目の的になる。移民の力強い味方として移民コミュニティーから感謝される。それだけでない。日本経済の発展と育成型移民政策を支える制度としてなくてはならない存在になる。

さて、二〇一五年七月、日本の銀行のあり方と移民政策の関係について深く考える機会が与えられた。「デロイトトーマツ金融ビジネスセミナー二〇一五」において、講演「人口減少問題の解決策」と、西山誠慈氏（ウォール・ストリート・ジャーナル日本版編集長）との対談「人口減少問題と金融機関のあり方」を行った。同セミナーの移民セッションには約七〇名の銀行幹部が参加した。

私は大部の講演資料「人口減少問題の解決策」を用意し、「国勢は人口統計で決まる」「日本政府の人口減少問題への対応」「ドイツなど世界各国の人口減少問題への対応」「移民政策の経済効果」「人口減少下の成長戦略の成否は移民政策にかかる」「世界の投資家は日本の移民開国を望んでいる」「二〇二〇年の東京オリンピックまでに移民法制の整備を」のテーマで話をした。十分の手ごたえを感じた。

人口激減による地方経済の疲弊で借り手が急減している厳しい金融環境の下、金融機関の首脳は人口問題の最有力な解決策である移民政策の必要性と緊急性を訴えた私の話に耳を傾けていた。

貸し手の銀行にとって借り手の経済人が減少することは銀行経営上のゆゆしい事態である。資金需要があってこその金融である。融資先が消えてゆく地方銀行は一体どうなるのだろうか。身につまされる思いで私の話を聞いた銀行関係者もいたのではないか。衝撃的な問題提起であると真剣に受けとめられたようだ。私の移民政策論に共鳴する地方銀行の経営幹部を先頭に地方の経営者から移民を求める声があがることを期待する。

講演終了後、現場の金融事情に詳しい専門家と懇談し、「人口」というキーワードを介して「銀行」と「地方経済」と「移民」は密接に関係していることがわかった。また、移民政策と金融力の相乗作用によって地方経済の活性化が図れるのではないかと思った。

日本が移民立国の国に変わり、国が働き盛りの移民を潤沢に供給すれば、産業基盤が健在の地方経済は生産と消費が増えて活力が生まれるだろう。

存亡の危機にある地場産業は移民のパワーが加わって息を吹き返すだろう。そのときには、地域経済を支える地方銀行のはたす役割が重要になる。地場産業の振興と、日本に入国した移民が生活環境を整えるのに必要な資金を融資する金融機関の出番である。

⑹国勢は人口で決まる

二〇一五年は五年に一度の国勢調査の年だったが、国勢を決定するのは人口である。少子化に歯止めがかからなければ国勢は衰退の一途をたどる。人がいなくなれば人間社会は成り立たない。人口が激減すれば産業はばたばたつぶれる。

政府が前回（二〇一〇年）の国勢調査の結果に基づき発表した人口将来推計が示すとおり、五〇年間で四〇〇〇万人の人口減はどうしようもない事実である。人口は出生者と死亡者と移民で決まるので、移民人口を大幅に増やす以外に人口激減を止める方法はない。

しかし、政治家は、人口問題の重大性と切迫性を知りながら、その本丸に切り込む移民政策の活用に消極的である。政治家が移民政策を忌避する態度を改めないかぎり、二〇六〇年に人口一億の大台を保つという政府目標を達成するのは絶望的だ。

移民というと、高度人材を少数だけ受け入れるという考えが産業界や官界を中心に根強くある。そんな中で、政府は、期間限定型の技能実習制度の拡充で人手不足を乗り切る方針を決めた。

だが、長期間の人口減少期に入った日本では、年金・保険などの社会保障、国家財政＝税収、生産・消費、こうした「人がいなくなれば必ず起きる問題」はいっぱいある。高度人材を少数入れたり、数年間に限って外国人労働者を入れたりするのでは、国民の数が激減する人口問題の解決には何の役にも立たない。

わたしは、技能職・専門職全般に多数の移民を入れ、移民に技能伝承の担い手となってもらい、同時に社会の一員として税金や社会保障費の負担もお願いしている。移民に門戸を開放すれば、移民の力を借りて日本の活力を取り戻せると考えている。

まずは、後継者難の農林漁業、職人的な技術を売り物にする町工場に移民を入れる。緑豊かな国・日本、モノづくり国家・日本を支えてきた技術を次世代に伝えるのである。さらに、高齢社会に不可欠の介護や医療の分野にも移民を積極的に入れていく。

いっぽうで、これからの教育界では、超少子化の進行により経営に行き詰まる学校が続出する。そこで、移民の教育に、大学や短大、農業・工業高校、職業訓練校など既存のインフラを活用し、日本語、日本文化、専門知識、先端技術を教える。人材育成型の移民政策は、グローバル人材の育成と定員割れの学校の救済に資する一石二鳥の良策である。

移民政策は「新しい日本経済」を打ちだすのに目覚ましい効果を生むだろう。移民人口が増えれば、経済の先行きに対する最大の懸念材料の生産人口の激減が緩和され、移民関連の有効需要が生まれ、多国籍の世界人材の加入で国際競争力が強化されるなど、日本経済の抱える問題の多くが解決に向かう。

長期的な視点に立って移民政策を着実に実施することを条件に、経済の基礎体力を一定水準に保つ「安定戦略」を立てることは可能だと考えている。

たとえば、長年新成長産業と期待されながら、人材不足が最大のネックになって成長戦略を描けないでいる介護福祉産業や農林水産業も、海外から有能な人材が得られれば活路が開ける。

年少人口の減少と老年人口の増加が続く状況下で日本経済を活性化させるには、生産人口と消費人口をふやし、多くの移民関連産業を生みだし、世界から多彩な人材と豊富な投資を呼び込み、もって日本経済を下支えする移民政策が欠かせない。

(7)移民が眼中にない経済学者

一国のＧＤＰは人口×所得であり、人口×消費である。技術や生産性の向上もプラス要因だが、その効果はわずかなものだ。人口が減ればＧＤＰは縮小する。人口が増えればＧＤＰは拡大する。以上は経済学の常識である。一国の人口が出生者と死亡者と移民の三要素で決まることも世界の経済学者の常識だ。

人口崩壊の危機が迫る日本は、移民政策をとらず、人口の自然減に従って経済が縮小してゆく道か、人口の自然減を移民の受け入れで補って活力ある経済大国の道か、そのどちらを選択するかの分岐点に立っている。

実は、人口減少期に入った日本においては、少なくとも移民人口分の経済成長が計算に入る移民政策こそが最有力の経済政策である。日本の経済学者は、「人口」と「移民」と「経済」の間には密接不可分の関係が成立することを理解すべきだ。

さて、移民政策の理解者である日銀幹部の話によると、日本の経済学者の七割が、人口が激減しても国民一人当たりの所得は変わらないから心配ないと言っているそうだ。よくもそんな無責任なことがいえたものだ。

五〇年間で生産人口と消費人口がほぼ半減する日本。所得の担い手と消費者が減る一方の日本が、国民の所得水準と消費水準を維持できるとどうして言えるのか。人口崩壊によって多くの産業が次々とつぶれていくというのに、国全体の生産力を維持できると本気で考えているのか。

人口減少社会の経済のあり方を決定する「人口と移民」の問題意識に欠ける経済理論は無用の長物だ。生産人口を増やし、消費を拡大し、経済成長を促す効果のある移民政策に関心を示さない経済学者の存在理由はないといわなければならない。

人口と移民が眼中にない経済学の速やかな退場を勧告する。そのうち、机上の空論の経済学に代わって、移民政策と経済成長の関係を理論的・実証的に研究する「移民経済学」が主役に躍り出るだろう。

(8)移民政策の理解者——青木昌彦先生追悼記

移民政策の理解者であった青木昌彦先生が、二〇一五年七月一六日、亡くなられた。以下に追悼文をつづる。

私は生涯で二度、青木昌彦スタンフォード大学名誉教授の謦咳に接する機会に恵まれた。忘れもしない「二〇一一年一月一三日」と「二〇一五年一月九日」である。

青木先生は二〇一一年一月五日付の日本経済新聞の「経済教室」に「世代間の合意と『開国』を」と題する論文を寄稿された。拝読し、感銘を受けた。論文の中で青木名誉教授は、未知の人口成熟化社会（老齢化と少子化）に向かう日本の生きる道を示された。

〈日本が雁行の先頭として生み出す革新を武器として、グローバルに戦略的補完性を活用していくには、移民の規制緩和や環太平洋経済連携協定（TPP）の創生に積極的に関与するなど、自らの国を一層開く覚悟が必要だ。未知の領域に孤独に突き進む雁は、失速してしまう。

日本には、世代間の合意と一層の開国を先延ばしうる時間はもう限られている。それらの課題に本気で取り組み始めたときに、未知の領域に向けての飛行を先駆ける日本に、希望が取り戻せるだろう。〉

世代間の分断の危機をはらむ少子高齢化社会の国民統合には移民政策が不可欠であると考えていた私は、青木昌彦先生は移民政策の同士であると推察し、すぐ先生の事務所を訪ねた。

二〇一一年一月一三日、論文を持参し、日本型移民政策について青木先生と討論した。話がはずみ至福の時間をすごした。そのうえあつかましくも坂中移民政策論の論評をお願いした。

すると、青木先生から拙文について、『日本型移民国家の理念』大変感銘を受けました。教育政策としても、農業政策としても、誠に示唆に富むと、広く世の中の人たちに広めるお手伝いができれば、と存じます」という望外の評価をいただいた。

当時、日本の経済学者は人口問題と移民政策に冷淡で、私は日本の知的世界において孤立状態にあったが、日本を代表する経済学者の評価を受け、坂中移民国家構想は正道を行くものであると確信を得ることができた。自信を持って日本型移民国家の建設に突き進む決意を新たにした。

二〇一四年一〇月、日本総合研究開発機構（ＮＩＲＡ）から、「青木昌彦先生がキャップを勤めるプロジェクトをＮＩＲＡが開始するのに際し、青木先生より、移民が日本のシステムにどのような影響を及ぼしうるかを考えるにあたり、坂中英徳移民政策研究所所長より、移民問題及び移民政策のあり方についてヒヤリングをさせていただきたいとの要請があった」として講演依頼があった。

二〇一五年一月九日、青木先生ほか四人の大学教授らと「移民政策のあり方」の課題で討論した。全員が最新作の『新版日本型移民国家への道』（東信堂刊）を読んでおられたので、主として青木先生の質問に私が答える形で議論が進んだ。憂国の心を同じくする二人の日本人が真剣勝負をまじえた「対談」だった。

講演を終えて日本総合研究開発機構の会議室から恵比寿駅までの帰り道を青木先生と歩いた。その時の先生の言葉を鮮明に覚えている。「坂中さんはもはや四面楚歌ではない。青木リポートに坂中さんの移民政策を盛り込みます」。

日本が誇る世界的経済学者の突然の死で青木プロジェクトは未完に終わった。関係者にとって誠に残念至極であり、プロジェクトの完成に執念を燃やしておられた青木先生にとっても心残りでなかったかと拝察する。だが、学恩に報いるため、不肖ながら坂中英徳が青木昌彦先生の魂を受け継ぐので、先生の新しい国づくりの夢は不滅である。

⑼当代きっての慧眼の士――野田一夫先生

二〇一一年八月二五日は私の生涯忘れられない日となった。尊敬する野田一夫先生から、「移民五〇年間一〇〇〇万人構想に一〇〇％賛成。情熱的な坂中君の夢の実現に全面的に協力する」という言葉を頂戴した。

日本を代表する知識人が移民立国を支持する立場を鮮明にされたことで勇気がわいた。移民政策の分野で一匹おおかみの立場に追いやられ、日本の未来を担う責任の重さに耐えられるのかと弱気になることもあったが、野田先生の激励を受けて「千万人といえども吾往かん」の気持ちになった。

野田一夫日本総合研究所会長は世界のドラッカーを日本に紹介した日本経営学界の先達である。ソフトバンクの孫正義氏など世界的な起業家を育てた指導者としても知られる。先生の薫陶を受けた知識人や経済人は富士山のすそ野のように広がっている。五〇年以上かけて築かれた野田一夫人脈は多くのキーパーソンを抱えて偉容を誇る。

在野の雄である野田先生に応援団長を引き受けていただければ、移民国家への道が開ける。久しく孤独の闘いを強いられてきた私にとって待望の援軍の登場だ。

進呈した著書『日本型移民国家への道』(東信堂)を一読された先生から、「法務省在職中から一貫して移民政策の立案と取り組んできた専門家の移民国家構想は説得力がある」とのおほめの言葉をいただいた。

息苦しい閉鎖国家の現状を打破しなければならないというのが先生の信条である。「日本人のやりたがらない仕事を移民に押しつけてはならない。外国人にしかやれない仕事を移民にやってもらうべきである」と、移民受け入れのあるべき姿について熱弁をふるわれる。

二〇一五年の五月から七月にかけて、野田一夫先生のご出馬をたて続けにお願いした。五月一〇日、『新版日本型移民国家への道』(東信堂刊)の出版記念会の呼びかけ人代表を引き受けていただいた。六月二二日、「移民政策をすすめる会」(野田一夫会長、坂中英徳政策アドバイザー)が船出した。七月一五日、「デロイトトーマツ金融ビジネスセミナー二〇一五」において野田一夫先生と坂中英徳がタッグを組んで「人口減少問題の解決策としての移民政策」のテーマでスピーチした。

野田一夫先生は人物を見る眼力と時代を読む観察眼において際立った存在である。二〇一五年の夏、当代きっての慧眼の士から、「死を迎えるまで坂中君を応援する」との言葉を賜った。野田先生のご高配を一身に集める坂中英徳は果報者である。

第6章　移民法制

(1)移民法と移民協定が両輪

日本の移民問題で国民が最も懸念するのは、「人口の多い国の移民ばかりが来たらどうするのか」という点である。だが、政府が国籍別の移民枠を決定する移民法制を確立すれば、たとえば人口流出圧力が強い中国から移民が無秩序に流入する事態を阻止できる。

まず第一に、政府は世界各国の国民をバランスよく入れることを移民政策の基本にすえ、「日本の移民政策は公平を鉄則とする」旨を「移民法」(新法)で宣言する。そして国別の量的規制を行う根拠規定を設ける。同時に、世界中から優秀な移民を計画的に受け入れるため、多数の友好国との間で「移民協定」を締結する。移民法と移民協定が日本の移民法制の両輪である。

ここで強調しておきたいことがある。移民政策は安全保障政策の不可欠の一部であって、平和外交の一翼を担うものである。移民法と移民協定に基づき移民政策を運用すれば日本の安全保障体制は磐石なものになるであろう。

移民法の規定に基づき、人材需給の逼迫状況、受け入れ体制の整備状況、移民の社会適応の進捗状況、移民協定の履行状況、日本を取り巻く国際環境、移民政策に寄せられる国民の意見などを総合的に勘案して年次移民受け入れ計画を立てる。移民受け入れ計画は内閣が策定し、国会の承認を得るものとする。計画の策定に当たっては、移民協定を結んだ国や国民の好感度の高い移民の出身国に配慮し、年間の国籍別移民受け入れ枠（一国の上限は一万人）を決定する。

もう一つ、国民が心配している外国人問題がある。反日思想を植えつけられた外国人の入国を制限できるかという問題である。

移民法と移民協定を二本柱とする移民法制を定め、政府が、国家が有する主権の行使として、反日思想の持ち主の移民の入国を許さない政策を実施すれば、韓国、中国のように反日教育に熱心な国からの移民を的確に規制できる。

(2)移民受け入れ基本計画の策定

日本の移民政策の体系を定めた基本法として移民法を制定する必要がある。移民法は移民国家・日本の根本規範である。移民法において日本の移民政策の基本理念をうたうほか、移民受け入れ政策を実施する政府の体制等を盛り込む。

移民受け入れの基本理念として、国民が好意を持つ国や日本との良好な外交関係にある国からの移民を積極的に受け入れることを定める。そのうえで、それらの友好国と移民協定を結ぶことを宣言する。また、公平の立場から世界の多様な民族を幅広く受け入れることによって世界各国との友好親善関係を深め、世界平和に貢献することを定める。

さらに、国籍・民族の異なる人々が日本で平和的に共存する「多民族共同体社会」の実現を政策目的に掲げる。

以上のほか、移民受け入れ基本計画の策定の根拠規定を設ける。その具体的内容として、次のようなものを考えている。

①内閣総理大臣を議長とする移民基本政策会議を内閣に置くこと。同会議は、年間の移民受け入れ数、移民の入国を認める産業分野および地方自治体、年間の国籍別移民受け入れ枠の決定など移民受け入れの基本方針について審議すること。同会議がまとめた移民受け入れ基本計画案は国会の承認を要すること。

②関係府省は、国会で承認された受け入れ計画に基づき移民の受け入れを実施すること。

③内閣に移民政策担当の閣僚を置くこと。移民基本政策会議の事務局として移民政策庁を設置し、同

会議の移民受け入れ計画案の企画・立案を補佐すること。

(3)入管法・国籍法の改正

移民法制の整備の一環として、移民法の制定に加えて、入管法、国籍法の改正が必要である。

入管法を改正し、将来の移民候補として受け入れる外国人のカテゴリーを大幅に拡大する。たとえば、「介護」「農林技術」「漁業技術」「建設技術」「製造技術」「自動車等操縦技術」「流通運輸業務」「サービス専門識」「伝統芸能」「伝統工芸」などの在留資格を新設する。

それにくわえて、入管法の運用基準を見直し、永住許可要件を緩和する。必要であれば入管法を改正し、永住者(移民)の法的地位の安定化を図る。その場合、特別永住者の法的地位を参考にする。

また、国籍法を改正し、主要先進国の例にならい、二重国籍を認めることにする。さらに、国籍の付与において出生地主義を一部取り入れる。すなわち、移民二世・三世には最も安定した法的地位(国民)で居住してもらうために、永住者(移民)の子として本邦で出生した者については出生の時に日本国籍を取得できるようにする。

ちなみに、日本と同じ血統主義の国であるフランスは移民の子に対して、ドイツは移民の孫に対して、それぞれ出生の時に国籍を付与している。

さらに、国籍法の運用を見直し、帰化申請の前提要件として、帰化を希望する外国人が永住者の在留資格を有していることを定めるほか、優秀な移民については速やかに国籍を与えるなど国籍法の弾力的運用を行う。それとともに、フランスの国籍法を参考に、テロ事件に深く関わった者(帰化した者に限る)の国籍剥奪規定についても検討する必要がある。

(4)奴隷制度と移民制度

二〇一四年は移民政策が急展開した年であった。生産人口の減少や過疎化などによる自治体消滅の危機の深まりを受け、「一〇〇年で二〇〇〇万人の移民受け入れ」による一億の人口の維持などの具体的な数字が、政府の委員会などでも挙げられるようになった。にわかに高まりを見せる移民政策議論だが、それに先立って政府は外国人労働者の受け入れを進めている。

政府は二〇一四年六月、建設労働者、介護労働者らを外国人技能実習制度の拡充で受け入れる方針を決めた。

だが私は法務省入国管理局に勤務していた時代から一貫して、非人道的で外国人搾取のかたまりの技能実習制度の廃止を強く主張してきた。

この制度の下では、技能実習生の送り出し国、官僚の天下り機関等の管理団体、さらに農家、水産業者、零細企業の経営者などの雇用主が「家賃」「食費」「管理費」などにかこつけて寄ってたかって搾取する構造になっているので、実習生の手元に残る賃金は極めて少なく、「時給三百円程度」とまで言われている惨状だ。

最近、がんじがらめに縛る雇用主の下から逃れ、不法残留する外国人が急増しているが、それもむべなるかなと言わざるを得ない。

すでに世界から「強制労働に近い状態」(米国政府)、「奴隷・人身売買の状態になっている」(国連)などの厳しい批判を受けている制度を拡充し、海外から外国人労働者を入れる政府の姿勢は理解できない。

深刻化する人手不足を補う一時しのぎの措置ということなのかもしれないが、それが払う代償は余りにも大きい。日本の外国人処遇の歴史に汚点を残す。

これは現代の日本が犯している人道問題である。奴隷制度を温存すれば、超少子化時代の日本の命取りにつながる。日本型奴隷制度と日本型移民制度は相容れない。奴隷制度の廃止なくして移民国家・日本の健全な発展はない。

仮にそれを強行すれば、国際社会から「外国人労働者を奴隷として酷使する国」という批判が殺到する。そんな悪名が世界に定着すれば、世界の有為の若者は日本に見向きもしなくなる。当然、そのような恥ずべき制度を使って外国人労働者を搾取する建設業界、介護福祉業界の企業イメージは大きく損なわれる。

内外の若い世代から見放された二つの業界は人手不足が加速し、倒産企業が続出することを覚悟すべきだ。

外国人技能実習制度に代わる妙案がある。政府は人手不足が顕著な産業分野に外国人材を十分供給するため、「建設技術」「介護」「製造技術」「農林技術」「製造技術」などの在留資格を新設し、取得を前提として在留状況が良好と認められる外国人については、入国後五年で永住を許可する。

この永住を速やかに認める制度を採用すれば、少子化により人手不足が顕著な産業界にとっても必要な人材が安定的に供給される。技術を身につけて日本で働きたいと希望する外国人にとっても「安心して働ける」環境が整う。そればかりか、この永住許可制度は時を移さず人材育成型移民制度へ移行できる。

(5)日本語教育法の制定を望む

世界各国の人々が使う「にほんご」の視点から、異なる民族間のコミュニケーション手段としての日本語のあり方を真剣に考える必要がある。日本型移民政策の大黒柱と位置づけられる日本語教育制度の充実は待ったなしだ。たとえば、経済連携協定による看護師、介護福祉士の受け入れで明らかになったように、移民受け入れの成功の鍵は日本語能力にある。農業、工業など就労分野が変っても移民政策における日本語のもつ重要性は変わらない。

また、日本文化に熱中する世界の少年少女たちは、漢字の読み書きを含め、日本語を完全にマスターしたいと考えている。日本語教育関係者は日本文化と日本語の双方に関心を持つ外国人に対する日本語教育に意を用いる必要がある。

日本語教育はボランティア任せではいけない。外国人に速く正確に日本語を教える専門性が求められる。それは国語教師が国語教育の延長で行う片手間の仕事ではない。日本語教育法を修得したプロの日本語教師の仕事である。

国に提案がある。日本語教育の水準を高め、日本語教師の社会的地位の向上をはかるため、日本語教員免許証制度を創設してもらいたい。世界各国から多数の移民を迎える大量移民時代に入ると、プロの日本語教師が引っ張りだこになる。ふくれ上がる需要に即こたえられる日本語教師の養成は急務だ。

移民政策の成否は、外国人が日本の高等職業専門学校や大学に合格できる日本語レベルに達するよう、入国前と入国後に、日本語をしっかり教えるかどうかで決まる。そのためには、短期間にかつ正確に日本語の基本体系を外国人に理解してもらうための日本語教育法の研究開発を急ぐ必要がある。なかんずく入国前に、現地の日本語教師が現地のことばで日本語の基礎を教える体制を整えるべきだ。

外務省にお願いがある。日本国大使館の付属機関として、主要移民送り出し国に「ジャパン・カルチャー・センター」を設置してほしい。そこで日本文化に興味を持つ世界の若者に日本語を教える。同センターで発掘した有為の青少年を国費留学生として受け入れ、日本の会社などに就職が決まった後は速やかに永住者の資格を与える構想である。

同センターは、日本への移民を志望する外国人の日本語能力を高めるため、一年間の研修期間中に日本語を徹底的に教育し、日本に入国後大学等で教育を受けるのに支障のないレベルの日本語を身につけてもらう。

文部科学省に注文がある。移民に対する日本語教育を国の責任で実施するため、移民時代の日本語教育の理念、日本語教育のあり方、日本語教員養成制度、日本語学校の設置基準などを定めた「日本語教育法」の制定をお願いする。

第7章　人口減少問題の解決策

(1)雄渾な論文に発展した移民国家論

移民政策研究所長が発表した「日本型移民政策の提言」は、長年にわたり国民から無視されてきた。日本型移民国家構想を評価する日本の知識人も皆無であった。

たとえば、二〇〇七年二月、『移民国家』ニッポン？『人材育成型』の政策を採れ」の表題の「移民五〇年間一〇〇〇万人構想」を朝日新聞に発表した。日本で初めての具体的な移民政策の提案であったが、結果は見るも無残なものだった。当時の朝日新聞によると、移民賛成の意見も移民反対の意見も全くなかったということだった。ホームランを狙ったが、空振りに終わった。そのことが移民政策のプロフェッショナルの自尊心をいたく傷つけた。奮起一番、説得力のある移民政策の立案に没頭した。

七年に及ぶ冬の時代に坂中移民国家構想に広がりと深みが増した。移民法と移民協定、人類共同体論と地球共同体論などの新機軸を打ち出し、世界的視野に立った体系的な移民国家創成論が完成した。移民国家大論争の始まりに合わせたかのように、雄渾な論文に発展した移民国家論が表舞台に躍り出た。移民政策研究の集大成の論文集『新版日本型移民国家への道』（東信堂、二〇一四年）の発刊である。

それと時を同じくして、二〇一四年に移民政策をめぐる社会の空気が一変した。たとえば、インターネットの世界において若い人たちの間で移民歓迎の声が爆発的に広がった。世界の機関投資家が日本の移民開国に期待感を示した。内閣府が「移民一〇〇年間二〇〇〇万人計画」の内部検討資料を公表した。

二〇一五年は移民政策が飛躍的に発展した節目の年であった。同年四月一八日の朝日新聞が「移民に関する世論調査」の結果を発表した。それによると、移民に賛成が五一％、移民に反対が三四％で、移民賛成が反対を大きく上回った。坂中移民国家構想が総すかんを食った前記『朝日』の記事のことを思うと昔日の感がする。

そして同年六月、坂中英徳著『新版日本型移民国家への道』を読んで移民政策に関心を持った内閣府副大臣主催の勉強会の講師に呼ばれた。移民革命の先導者が内閣官房の幹部たちの前で「日本型移民国家への道」のテーマで講演した。講演は好評を博し、これで移民国家への道が開かれると確信した。続いて同年七月、榊原定征経団連会長が日本型移民受け入れ制度が必要と移民開国を政府に迫った。さらに同年一一月、河野太郎行革担当大臣と石破茂地方創生担当大臣が移民政策を進める必要があると公言した。

移民問題で沈黙を守ってきた政界に激震が走ったと思われる。坂中移民国家構想に最強の援軍が現れた。

以下は、移民政策研究四〇年の専門家による現下の情勢判断である。近く若い世代を中心に移民賛成の国民が多数を占める状況が生まれ、国民が移民立国のスローガンを掲げて立ち上がる可能性がある。移民の受け入れを迫る国民の声を受けて、政府部内で日本型移民国家構想が人口崩壊の脅威に対処する最有力の国家政策と認知され、移民立国が政府の基本方針に発展する可能性が高い。

(2)人口崩壊を免れる唯一の策

今日の日本は、少子化が進行するとともに、長期間の人口減少期に入った。政府が発表した「日本の将来推計人口」(二〇一二年一月)によると、日本の総人口は、二〇一〇年の一億二八〇六万人が、二〇六〇年には八六七四万人になると推定されている(国立社会保障・人口問題研究所「日本の将来推計人口(平成二四年一月推計)」)。向こう五〇年間で四二〇〇万人の人口が減る。

しかも六五歳以上の高齢者は二九〇〇万人から三五〇〇万人に増え、総人口の四〇パーセントを占めるようになる。一方、一五歳から六四歳の生産労働人口は、八二〇〇万人から四四〇〇万人に減少する。二〇六〇年の日本は、働き手が大幅に減る一方で高齢者の割合が圧倒的な高さになる異常事態を迎える。人口問題に有効な手を打たない無責任政治が続けば、日本の人口秩序は崩壊へ向かう。

人口崩壊に起因する全面崩壊をまぬがれる妙案はあるのだろうか。理論上考えられる唯一の策は、出生者人口と移民人口を大幅に増やすことである。要するに、政治が不退転の決意で人口が長期的に安定するとされる二・〇七の出生率を国家目標に定め、たとえば幼稚園から大学までの教育費の全額を国が負担するなど出生者を増やすのに効果的な政策を実行すること、同時に速やかに移民立国への転換をはかって移民人口を飛躍的に増加させることだ。

念のために付言すると、出生率が二・〇七に回復し、出生者数が増加基調になるまでには世紀をまたぐ年月を要する一方、移民政策は即効性にすぐれている。政府が移民政策を導入すれば直ちに移民人口が増える。

ところが、移民国家の議論が始まったのに抗するかのごとく、移民問題を政治の争点にしたくない思惑がある政治家は、五〇年後の一億の人口目標を掲げる一方で、いまさらながら女性、高齢者、外国人労働者、ロボットの活用を持ち出している。

しかし、たとえばロボットは生産性の向上に資するが、子供を産まない。女性の活用も、女性人口も男性人口と同じように激減するから、人口減少問題の解決には寄与しない。それらの政策は生産力と労働力を高めることが目的の経済政策であって、出生者人口を増やすことが目的の少子化対策とは次元を異にする。

そのような的外れな策をいくら積み重ねても、人口問題の根本的解決には結びつかない。人口増と国民増に直結する移民政策が不在の人口減少対策は絵に描いた餅に終わると明言する。

あるいは、政府首脳の間で移民政策は「万策尽きて最後に出す切り札」として温存しておくという暗黙の了解があるのかもしれない。しかし、仮にそんな空気が政界に蔓延しているとすれば、切羽詰った日本にそんな余裕はないといわなければならない。

超少子化と超高齢化が速度を速めて進行する日本は、いま直ちに移民問題を最重要の政治課題と位置づけ、移民政策論争の帰趨が明らかになるやいなや政府が移民立国を決断するときである。政治が優柔不断の態度をとり続ければ、アベノミクスの失速、財政の破綻、社会保障制度の崩壊——つまり日本は奈落の底に沈むことになる。

⑶出生率が劇的に回復する可能性はあるか？

政府は二〇一四年五月、突如、五〇年後の日本人口が一億の大台を維持するため、二〇三〇年までに出生率を二・〇七に高める目標を立てた（経済財政諮問会議の中間報告書）。希望数値ということなのだろうが、それにしても政府当局がそんなハードルの高い政策目標を掲げるのはいかがなものか。

超少子化の時代が訪れるのは文明国の宿命である。日本だけでなく世界各国とも、教育の充実、都市化の進行、産業構造の転換、女性の地位向上、個人の生き方の多様化など、文明の発達とともに少子化時代に入っている。少子化は文明を駆使して万物の頂点に立った人類の悲しい運命であると考えている。百年単位の文明論的視点で考えると、人類は二一世紀末に一〇〇億人の人口でピークに達し、その後は一転、生物の種としてのヒトの数は減少の一途をたどるのではないか。

成熟した文明社会の先頭を走る日本においては、仮に出生率の向上に役立つあらゆる政策を総動員したとしても、出生率が短期間に劇的に回復する可能性は限りなくゼロに近いと言わなければならない。

少子化時代がしばらく続くと考えるのが自然だ。仮に少子化対策が奇跡的に成功をおさめ、出生率が増加基調に転じることがあるとしても、子供を生む世代の人口が激減しているので、出生者人口が増加に転じる時代は遠い先のことだ。

話題を転じる。移民政策に詳しい私に出生者人口を増やすグッドアイディアがある。人材育成型移民政策を採用することだ。世界各国の青少年を日本の高等学校・大学などで教育し、立派な社会人に育てる。その副産物として、日本人学生と留学生が共に学び、良きライバルとして成長する友人関係が生まれるであろう。

また、入国時の移民の大半は一〇代・二〇代の留学生である。移民と移民の結婚はもとより、日本人と移民の結婚が多数にのぼることは想像に難くない。

ところで、もともと人間には異なる民族への憧れの気持ちや好奇心が存在する。とりわけ日本の若い世代は、民族や文化を異にする人たちに魅力を感じる向きが多いようだ。外国人との結婚についても必ずしもいやというわけでもなさそうだ。

一〇〇〇万人の移民が日本に永住するようになれば、日本人と移民の結婚が爆発的に増え、多数の二世が誕生し、年少人口の増加が期待できるだろう。

以上のとおり、教育重視の育成型移民政策は出生者人口を増やすのに抜群の効果がある。政府は移民政策の活用を少子化対策の柱の一つに位置づけてはどうか。国際結婚に好意的な見方をする人が比較的多い日本社会にあっては、移民政策が出生率の向上に貢献するところ大である。

先進国において出生率が二・〇〇前後の水準にあるのは、米国、英国、フランスなど移民国家ばかりだ。それらの国でも白人の出生率の低迷が続いている。移民政策と出生率の間には相関関係があると認識している。

(4)国民の分断を避ける方法

二〇一五年末現在の国と地方を合わせた長期債務残高は一〇〇〇兆円をこえる。超少子高齢化の進行とともに国の抱える借金はこれからも増え続ける。経済と財政を支える生産人口が今よりほぼ半減する五〇年後は、国民一人当たりの借金の額は想像を絶する規模になる。金の卵の新生児は膨大な借金を背負って生まれてくる。四・四人の老人に対して一人の子供という「子供が街から消える社会」に生きる少年少女たちは日本人に生まれたことを悔むにちがいない。

政治家も官僚も、財政と社会保障制度が瓦解した地獄絵のような将来像を国民に説明しない。だが、人口秩序の崩壊が引き起こした財政破綻の問題を直視し、今すぐ有効適切な手を打たないと、五〇年を待たずして悪夢のような現実に遭遇するのは火を見るより明らかだ。

地獄への道の最初の動きは、膨れ上がる一方の社会保障費の負担をめぐっての若年層（負担者）と高年層（受益者）の対立の激化である。瞬く間に世代間闘争が勃発する。最悪の場合には国民的規模で骨肉の争いが起きることにもなりかねない。これ以上の悲しいことは人類社会の歴史にもあまり例がないのではないか。

日本の悲劇を避ける方法はあるのだろうか。考えられる唯一の道は、移民立国に活路を見いだすことだ。「国民の分断」という、絶対にあってはならない事態を阻止する策は、猛烈な勢いで減少してゆく若年人口を補うのに効果的な移民政策をフル活用するしかない。もはや一刻の猶予もならない。遅きに失すれば、財政状況はますます悪化し、手がつけられなくなる。

人口崩壊と財政破綻を回避し、最小限の社会保障制度を後世の国民に残すために必要な移民国家の建設について国民合意を取りつけるのは政治家の責務だ。世代間の利害の調整をはかって国民統合を維持することは日本政治に課せられた最優先課題だ。

事は急を要するのに、国民統合の重要性を認識する国会議員がいることは寡聞にして知らない。私は国民の分断を阻止するのに不可欠な移民立国の緊急性を訴えているが、政界からはなしのつぶてだ。

超少子化時代の今も毎日三〇〇〇人の子供が生まれている。日本の宝である子供たちの未来に何を残すのか――すべての日本人が真剣に考えるべき問題である。仮に、移民賛成が二分の一を占める二〇代の声に耳を傾けない政治が続けば、若者の未来はどうなるのだろうか。日本の将来に絶望した大量の若者が祖国を捨て、海外へ脱出する事態が起きないとは限らない。

(5)二〇代の五〇%が移民賛成

世界最高峰の移民国家の創造を目標に掲げる私は、向こう五〇年間で一〇〇〇万人の移民を計画的に入れて、持続可能な社会と経済を確立しようと国民に呼びかけている。人口危機の時代に生きる日本人にお願いがある。五〇年の歳月をかけて日本型移民国家の創成と日本文明のルネサンスを成し遂げてほしい。

さて、私はこれまで身命をなげうって移民国家理論の構築につとめてきた。七〇までの十分の命をいただいたのに命を惜しむようなことをいうのは主義に反するが、移民国家のいしずえを築くのに必要な四年の命がほしい。二〇二〇年の東京オリンピックまでの間、移民受け入れ制度の確立のため尽力したい。

最近の移民政策研究所のホームページへの一日当たりの平均アクセス数は三〇〇〇件に及ぶ。この数字は若い人たちの移民政策に寄せる期待の大きさを示すものだ。若い世代の移民受け入れ賛成の意見はインターネットの世界で爆発的に広がっている。これは新しい日本をつくる原動力である。私は移民革命の同志たちと共に移民国家の旗を掲げて行進する。

二〇一五年の夏、読売新聞が行った「人口減社会」に関する全国世論調査によると、「移民の受け入れに賛成が三八％、特に二〇歳代では移民賛成が五〇％」に上った（第4章(8)『朝日』と『読売』が移民問題で動いた」参照）。

この一〇年間、坂中構想は大多数の国民から一顧だにされなかったので、この世論調査の結果にびっくりした。とりわけ二〇代の半数が移民の受け入れに賛成という、日本の若者の持つ移民に対するやさしい心にこころを打たれた。移民に好意をいだく二〇代の日本人は世界有数の移民国家をつくる希望の星だ。

時代の風向きは移民反対から移民賛成に変わった。移民鎖国の呪縛がとけた日本丸は追い風に乗って航海に就いた。今後の四年間で、若い世代の大半が移民賛成の立場を明らかにし、それを受けて時の内閣が移民立国を決断し、移民関係法に精通する元入管職員が実力を遺憾なく発揮すれば、移民法制の整備など移民国家の基礎が固まる。日本と世界の若者が待ち望んだ移民国家ニッポンが元気な産声をあげる。

第8章 移民国家で世界の頂点をめざす

(1) こころの革命と人類共同体社会の創造

私は移民政策研究所所長の立場から、「人口秩序を正すのに必要な一〇〇〇万人の移民を正しく受け入れなければならない」と、政府と国民に訴えている。

政府は移民の入国の門を全人類に開放し、二一世紀中に崩壊寸前の人口ピラミッドを正常な形に戻すとともに、移民国家の頂点を極めることを目標に掲げる。

その場合、世界に前例のない移民国家を創建するためには、日本人の「こころの革命」が必要である。国民は心にしみこんだ島国根性を払拭《ふっしょく》し、人類同胞として、地球社会の一員として、移民を正当に迎える「地球人」をめざす。

日本人は古来、海を渡って孤島にやってきた外国人を尊敬の念を抱いて迎え入れてきた。異なる民族を賓客《ひんかく》として遇する伝統がある日本人は、ほかのどの民族よりも、「地球人のこころ」のありかたを理解できる存在である。異なる民族を平和の使いとして受け入れるメンタリティーは島国に住む民族に特有のもので、異なる民族間の戦争が続いた大陸国家の住民の心にはないものだ。

精神的な許容量が広い日本人が地球人の心を自分のものにし、人類共同体社会を創造すれば、日本は地球時代に生きる世界の人々が安住の地と憧れる地上のパラダイスになるだろう。地球文明における日本文明の存在理由はいっそう高まるだろう。

現代日本の若者の外国人観を観察すると、異邦人に対する排外思想や日本人至上主義は見られない。中華思想や選民思想とも無縁である。

それどころか、縄文の昔から万物平等思想を信奉する日本人には、肌の色や文化が異なっても同じ人間としてわけへだてなく外国人を接遇する心がある。外国人の持つ多様な価値観を積極的に取り入れ、それらを総合して一つにまとめる知恵がある。

宗教についていえば、日本人は仏教など異国の神様を進んで受け入れてきた。今も日本列島のほうぼうで八百よろずの神々が共存共栄している。

国が移民の入国の扉を開けば、世界のいたるところから美男美女や才女才男が日本に移住してくるだろう。いっぽうで、日本の文化も移民を日本に引き寄せる力があるが、日本の若者も移民を日本にひきつける魅力がある。一五〇年この方、西洋人が日本女性の美徳と浮世絵の美人画イメージを世界中に広めてくれたおかげで日本女性は世界の男性の憧れの人である。世界の人々の頭に禅と侍の印象が刻まれている日本男児も負けていない。

以下は私の希望的観測である。移民開放政策で一〇〇〇万人の移民が日本に永住するようになれば、日本の若者と世界の若者の結婚が劇的に増えるとともに魅力的な混血児が続々誕生するだろう。やがて移民国家日本はハイブリッドジャパンへの道の緒に就くであろう。

⑵われら日本人は地球人をめざす

「日本人は百年かけて雑種系民族に進化しなければならない」と、私は繰り返し主張している。移民二世のオバマ米大統領が二〇〇九年一月の就任直後、ホワイトハウスで飼っている犬の血統を記者から尋ねられて、「この犬は雑種。私も雑種」と述べたことを鮮明に記憶している。含蓄のある言葉に感動した。

一〇〇〇年以上続いた移民鎖国の時代。日本人は島国の中でいわば血縁者同士の関係を結んで生きてきた。その結果、世界の諸民族と比較して、日本人は比較的純血度の高い民族になった。井の中の蛙の視野の狭い人種であることも否めない。

だが、二一世紀の世界は地球時代に入った。いわゆる地球人の視点から世界を鳥瞰しなければ事がうまく進まない時代が到来した。日本人だけで政治・経済・社会・教育を運営する体制の限界が明らかになった。世界的な視野から客観的に物事を見ることが苦手な純種系民族の弱みが社会の各方面に出てきた。日本人は地球時代に柔軟な姿勢で対応できる国民に脱皮しなければならない。

グローバル時代の潮流に乗るため、われら日本人は地球人をめざす。その第一歩として、世界の若者の日本永住を歓迎する移民立国の国に転換する。世界の民族を網羅した一〇〇〇万人の移民が将来の国民として加わると、多彩な顔を持つ国民が国家を構成する多民族国家に移行する。異邦人や毛色の違う人が縦横無尽に活躍する多民族社会に生まれ変わる。いろいろな民族の血が入った雑種民族の典型のオバマ米大統領のようなハイブリッドの逸材が輩出する社会である。

偉材の出現や言語・文化にかぎらず、産業力、外交力、創造力、発想力、国際競争力、都市の魅力その他あらゆる面で国民の民族構成の多様化はプラスに働くと考えている。

人口の一〇%が外国出身者の多民族国家になれば、それぞれの民族の持つエネルギーがぶつかり、それらがまじり合った新たな国民エネルギーが発生するだろう。新エネルギーを取り入れて体質が強化された日本人は世界の人々と堂々とわたりあうにちがいない。

あるいは、いち早く地球人の心を会得した日本人を新しいタイプの人間の誕生と世界の人々が評価し、地球共同体社会にすむ世界人がめざす理想郷の日本イメージが世界に広がっているかもしれない。

地球的視野で考える国民が新たな世界秩序の形成に向かって羽ばたく百年後の日本に思いをはせている。

⑶在日コリアンの歴史を鏡とする

千年以上も移民鎖国が続いた日本は移民の受け入れに適さないという見方が一部にある。私はそのような考えに異議がある。在日韓国・朝鮮人問題と格闘した経験から、日本社会には異なる民族を受容する土壌があり、日本人には移民を正しく受け入れる能力があると考えている。

現在、日本人と在日コリアンが友人関係・信頼関係を確立していることが、その何よりの証拠である。法務省入国管理局の行政官時代、在日コリアンの法的地位問題などに正面から取り組んだが、一筋縄ではいかず、苦闘の連続であった。在日韓国・朝鮮人の日本への移住は日本の朝鮮半島植民地支配に由来するという歴史的経緯もあって、戦後、在日コリアンと日本人の関係は冷戦時代が続く。

ところが、一九九〇年代に入ると状況が一変した。在日韓国・朝鮮人の結婚相手の九割が日本人であることに象徴されるように、日本人と在日コリアンの関係は緊張が解けて平和の時代に入った。

私は一九七〇年代後半から、在日コリアンと日本人との間の婚姻状況の推移は両者の和解のバロメーターだと考えていた。

一九七七年に発表した論文「在日朝鮮人の処遇」（坂中論文）において、在日コリアンと日本人の結婚の増加と彼らの子供に注目し、「在日朝鮮人は血縁的にも日本人との関係を深めてきており、このままの趨勢が続けば、数世代を経ないうちに在日朝鮮人の大半が日本人との血縁関係を有する者になることが予想される」と述べた。

その後の在日コリアンと日本人の結婚の増加と血縁関係の深まりは、坂中論文の予想をはるかに上回るものだった。

戦後の在日韓国・朝鮮人と日本人の歴史、つまり当初は厳しい対立関係にあった二つの民族が、婚姻関係の広がりなどを通してその関係を劇的に改善していった歩みは、これからくる移民時代において多民族共生モデルとして語り継がれることになろう。

在日コリアンとの深いかかわりの歴史を鏡とし、日本人がニューカマーの移民と向き合えば、移民との共生関係を築けるだろう。

(4)曽野綾子氏の移民政策論を批判する

二〇一五年二月一一日の産経新聞に載った曽野綾子氏のコラム、「労働力不足と移民――『適度な距離』保ち受け入れを」(曽野綾子の透明な歳月の光)に関し、内外の識者から批判、抗議が殺到した。南アフリカの駐日大使は産経新聞に対し、「アパルトヘイト政策を容認するものだ」と抗議した。ロイター通信などの外国メディアが批判的記事を世界に発信した。

なお、同年二月一三日の記者会見で菅義偉官房長官は、「移民政策について、日本は法の下の平等が保障されているので、それに基づき適切に対応する」旨、ロイター通信の記者に答えた。

フェイスブックにおける「友達」の在日外国人から曽野綾子氏の移民政策に対する意見を求められた。以下は、フェイスブックの世界で公にした私の見解である。移民国家論議において参考になれば幸いである。

〈移民の受け入れのあり方について議論するのはいいことである。ただし、移民に対し基本的人権を保障しなければならない。日本国憲法が保障する居住移転の自由と職業選択の自由を移民に認めるのは当然である。

日本人が消えていく。人がいなくなって地方の町や村が荒廃する。日本文化の担い手が地球上からいなくなる。平成の日本人は、人口崩壊の危機に瀕した日本の消滅をとめるため、移民とどう向き合うかを真剣に考える必要がある。国の存続を願う日本人、憂国の心のある日本人なら心から移民を歓迎するはずだ。移民に対して冷たい態度をとる日本人は真の愛国者とはいえない。

日本政府が国際法違反、憲法違反の人種隔離政策（アパルトヘイト政策）をとることはあり得ない。曽野綾子氏の発言で移民反対派は国民の支持を失うであろう。

菅義偉官房長官が間髪いれず、日本政府が憲法違反の移民政策をとることはないと世界に約束したのは良かった。〉

⑸難民鎖国の国から人道移民大国へ

日本は難民の受け入れ数が極端に少ない「難民鎖国」の国と国際社会から批判されてきた。その背景事情の一つとして、人口増加時代の日本は永住目的の外国人をほとんど受け入れない「移民鎖国」の国であったことが挙げられる。世界の「難民大国」はすべて「移民大国」の国である。

しかし、人口減少時代に入った日本は、大量の移民を受け入れざるを得ない。その場合、一定数の条約上の難民および人道上の配慮を要する定住難民を移民枠の一つに位置づけるべきだと考える。移民政策の一環として条約難民に加えてそれに準ずる外国人を移民として政策的に受け入れるのである。

私は、人口崩壊の危機を乗り切るため、向こう五〇年間で移民一〇〇〇万人の受け入れを提唱している。その場合、そのうちの五〇万人は人道移民（いわゆる難民等）の枠とすべきと主張している。そうしないと「難民に冷たい国」という世界の日本イメージを払拭できないからだ。

二〇一六年一月二八日、参議院本会議において山口那津男公明党委員長の「シリア難民の子供を日本で教育するため留学生として受け入れてはどうか」というタイムリーな質問に対し、安倍晋三首相は「将来、その国を担う子供を受け入れる可能性について検討していく」と明快に答えた。これは人道移民大国への道につながる画期的な答弁である。

本年五月に開催される伊勢志摩サミットにおいて日本政府は「子供を中心に年間一〇〇〇人のシリア難民を人道移民として受け入れる」と表明してはどうか。日本の移民開国とシリア難民の受け入れを待望する世界の人々は歓呼の声をあげるだろう。

かつて受け入れた約一万一〇〇〇人のインドシナ定住難民や約二五〇〇人の中国残留孤児帰国者に対し、日本政府の日本語教育や就職支援などの定住支援は不十分だった。

私は二〇一二年一月、在日朝鮮人と結婚して北朝鮮に渡った日本人妻と、日本への引き揚げがかなわず北朝鮮残留を余儀なくされた日本人の早期帰国の実現に向けた取り組みを強化するため、移民政策研究所内に「日本人妻等定住支援センター」(坂中英徳代表)を立ち上げた。

二〇〇五年から日本人妻ら北朝鮮帰国者の定住支援にかかわり、北朝鮮事情に精通し、朝鮮語を話せる当研究所の職員が、帰国をはたした日本人妻・北朝鮮残留日本人の生活相談、カウンセリング、就職支援、日本語教育、家族との再会に向けた支援などを行う。

日本国民には、日本人妻および北朝鮮残留日本人の帰国問題を邦人保護問題と正しく認識し、祖国に帰ってきた人々を同胞として温かく迎える姿勢が求められる。

過酷な国で日本に帰る日を夢見て懸命に生きてきた日本人を人道移民として遇すれば、移民時代における人道移民大国としての日本の地位は不動のものになろう。

⑹日本の文化パワーは移民立国の推進力

大相撲、歌舞伎、宝塚歌劇、京都祇園、金閣寺、伏見稲荷、丹後天橋立、奈良の鹿、東大寺、高野山、鎌倉の大仏、長野の善光寺、伊勢神宮、出雲大社、厳島神社、皇居、銀座、秋葉原、浅草、高山祭り、青森のねぶた、博多祇園山笠、四国八十八箇所巡り、徳島の阿波踊り、札幌の雪祭り、北海道ニセコ、陸前松島、東北の温泉郷、奥の細道、沖縄のサンゴ礁の海、大阪道頓堀、大阪城、姫路城、名古屋城、熊本城、中仙道、東海道五十三次、富士山、阿蘇山、瀬戸内海などは外国人観光客のみならず移民が憧れる観光の名勝である。日本の伝統文化は日本に永住する移民にとっても身近な存在であり、魅力的なものである。

時代は変わった。今や、日本文化は「日本人がひとりじめするもの」ではない。「世界の人々のもの」になった。たとえば、日本人のもてなしの心がつまった華道・茶道は世界の多くの人々が共感する普遍的文化である。それは何を意味するのか。ほかでもない。日本の文化パワーは観光立国を牽引するだけでなく移民立国の推進力にもなるということである。

モンゴルの横綱もいい。青い目の芸者もいい。アジアの美女がそろう宝塚歌劇もいい。世界の若者が博多祇園山笠でみこしを担ぐのもいい。色とりどりの民族衣装に身を包んだわかものが阿波踊りで踊り狂うのもいい。日本人と外国人が一緒に中山道を歩くのもいい。

多彩な顔の面々がみこし担いだり、踊ったり、日本酒を飲み交わしたりして、異なる民族の心がとけ合って一つになる至福の境地にひたっている光景を想像するだけで胸が躍る。そのとき一瞬であるが、地球人たちの心に人類同胞意識が生まれているのではないか。

世界の若者が感動する祭り・歌舞伎などの文化材や里山・棚田などの自然景観は全国いたるところにある。世界の人たちを日本に引き寄せる文化遺産や自然遺産を発掘し、世界に発信しよう。その役目を在日外国人に任せてはどうか。外国人ならではの視点から、日本各地の観光資源を発見し、世界に広めてくれるだろう。

政府は二〇二〇年に年間四〇〇〇万人の外国人観光客を招く「観光立国」を目標に掲げ、査証を免除する国を拡大するなど、外国人観光客を増やす政策を推進している。

二〇一五年には外国人観光客が大幅に増え、二〇〇〇万人近くに達した。このままの趨勢が続けば、二〇二〇年の東京オリンピックの年には四〇〇〇万人の目標を達成する可能性がある。

外国人観光客の増加と移民政策を支持する国民の増加とは密接に関係すると認識している。外国人観光客が増えれば、全国津々浦々で日本人と外国人が親しく接する機会が増え、国民の間に移民歓迎ムードが高まるであろう。

たとえば、最近、居酒屋で日本人と外国人観光客が一緒に酒を飲んでいる光景をよく見かけるが、外国人に親近感を覚える日本人が増えれば移民立国への追い風になる。

私は五〇年間で一〇〇〇万人の移民を迎える「移民立国」を提唱しているが、いうまでもなく外国人観光客の中に日本での永住やクールジャパンに憧れる移民候補が数多く含まれている。

(7)日本文化に精通する外国人は移民候補の筆頭

日本の国技である大相撲を支えているのは外国人力士たちである。日本国民は、日本を代表する伝統文化が外国人によって守られている現実を直視しなければならない。いち早く外国人に門を開き、実力が物を言う勝負の世界の大相撲だからこそ、時代を先取りした外国人進出現象が生まれた。

大相撲は「外国人に開かれた日本」の象徴としての役割を見事にはたした。世界各国からやってきた外国人力士たちは日本国民の好意的な外国人観の形成に貢献した。

日本の命運を移民立国にかけるというのであれば、日本は世界の若者の立身出世の夢がかなえられる国に変わらなければならない。めざすべきは、国籍・民族を問わず、すべての人に機会均等を保障し、能力主義で人間を評価する「自由競争の社会」である。大相撲の世界がいちばんいい手本だ。

大相撲における外国人の圧倒的な存在感が雄弁に物語るように、日本の伝統文化を受け継いで後世へ伝える人は何も日本人に限られるわけではない。アニメ、ファッション、文学、歌舞伎、禅、美術、工芸、華道など、日本文化に憧れる若者は世界中にいる。なかには日本の若者よりも日本文化の精髄を理解している外国人もいる。

後継者難の伝統工芸や伝統芸能の分野に日本文化おたくの外国人に活躍の場を提供すれば、彼らが伝統文化の保存・発展の一翼を担ってくれるだろう。政府は日本文化に精通する外国人を移民候補の筆頭として遇してはどうか。

法務省にお願いがある。日本の伝統工芸・伝統芸能を継承する外国人を移民として迎えるため、「伝統工芸」および「伝統芸能」の在留資格を新設してほしい。

(8)なぜ移民は日本文化のとりこになるのか

外国人行政を担当する国家公務員として、退職後は移民政策研究所の所長として、さまざまな国籍の外国人と接した経験から、日本という小宇宙には外国人を日本に引き寄せ、外国人を日本化させる不思議な力があると感じている。一体どのようにして日本は外国人をひきつける魔力を身につけたのだろうか。な永住外国人(移民)は日本文化のとりこになるのだろうか。

日本人は古来、一万五〇〇〇年にわたり平穏な生活が続いた縄文時代(狩猟・採集時代)に形成された「自然との融和の精神」をはぐくんできた。縄文時代から今日まで、八百よろず神々が鎮座する日本人の心に多様な価値観や存在を受け入れる「寛容」の遺伝子が脈々と受け継がれてきた。長い歴史を経て外国人が日本社会に自発的にとけこむ同化力の強い社会が形成されたのではないかと、私は考えている。

知り合いの在日外国人は、信義を守る日本人、もてなしの心がある日本人、穏やかな人柄の日本人に敬愛の念を持っている。四季があって花が咲き誇る自然、美しい田園風景、まとまりのある社会、安寧秩序が保たれた社会を気に入っている。アニメもファッションも料理も大好きである。

移民の二世以降の世代が日本の小中学校で勉強し、出身国や民族による差別のない社会で成長していけば、生まれ育った日本に愛着を覚え、日本人と心がとけあうだろうと見ている。また、世界のどの民族も成功していない多民族共同体の成立も視野に入ってくるであろう。

近年、日本の精神風土のもとで生まれ成長した坂中移民国家ビジョンについて、多様な国籍の永住外国人と意見交換している。彼らは口をそろえていう。「心が広い日本人は移民を上手に受け入れる」「日本人と移民が協力すれば人類共同体社会をつくれる」。

そのうえで、坂中移民国家構想に対する支持を語る。在日外国人社会で移民国家ジャパン待望論が盛り上がっている。

第9章 日本型移民政策

(1)移民政策は最善の外国人受け入れ方法

外国人の受け入れの歴史を見ると、欧米諸国においては、最初は奴隷として、その後は労働力として、外国人を入れてきた。今日の世界では、移民として、人間として、外国人を入れている。移民政策が、人類が到達した最善の外国人受け入れ方法とされている。

外国人労働者はその性質上、産業界が労働力として必要なときに入れて必要がなくなれば追い返すものである。彼らは社会の一員でも将来の国民でもない。単なる労働力にすぎない。

移民は日本に永住し、国籍を取得する可能性のある外国人である。移民は社会の一員として、納税義務をはたし、社会保障制度に加入する。また、国民固有の権利とされる選挙権・被選挙権・国家公務員就任権以外の権利を有する。

国民の減少が続く日本の外国人政策は、国民の増加につながる移民政策以外の選択肢はない。将来の国民として、生活者として、働き手として、移民とその家族の入国を認めるのが、正しい外国人の受け入れのあり方である。

今後五〇年で一〇〇〇万人の移民を受け入れるとしよう。その場合、世界の高度人材が日本に来るという幻想は捨てなければならない。この二五年の入管政策の実績を見れば、それが失敗に終わったことは明らかだ。仮に高度人材が来るとしてもその数は微々たるものである。人口崩壊に起因する国家危機を救う制度としては論外である。

移民時代の日本は、専門知識や高度技術を有する外国人は米国、英国などの英語圏の国をめざし、漢字圏の日本には来ないと割り切り、日本型移民政策で勝負すべきだ。

日本の大学などで日本語、日本文化、先端技術をしっかり教え、就職支援も積極的に行って、時間をかけて外国人を有能な人材に育てる。これを国家的事業と位置づけ、すべての教育機関の教職員を動員して外国人教育にあたり、粒ぞろいの人材を社会に送り出す。

もう一つ、高度人材の受け入れを考える場合の懸念材料がある。そもそも日本の大学、シンクタンク、民間の研究機関に世界人材を招聘しようという意欲があるのかという点である。世界各国から優秀な人材を招き、異なる文化を持つ研究者との葛藤の中から画期的な発見やユニークなアイディアが生まれるという認識に欠けるところがあるのではないか。なかんずく学者の世界には、よそ者を排除し、同類のものだけで固まるムラ社会の伝統が色濃く残っているのではないか。

まずは大学に新風を吹き込む。日本人が大学教授のポストをほぼ独占している鎖国的な大学教授体制を改める。日本の大学教育および留学生教育のレベルアップを図るとともに研究水準を高めるため、一〇年計画で外国籍の教授が全教授の一〇％を占める体制に移行する。

世界の一流の研究者に日本の大学を開放するのだ。これを行えば、大学が受け皿となって、日本の悲願であった世界のすぐれた知識人を多数迎え入れることができる。

(2)日本の移民政策は教育を重視する

日本が多様な民族から構成される移民国家になっても、国の基本的な枠組みは、日本語に代表される日本文化と、日本の社会・経済・法律制度が中心であることに変わりない。日本国の基本秩序の下で、移民が「日本が好きだ。早く日本国民になりたい」という気持ちになってもらえる社会環境を整えること、それが移民政策の究極の目的である。学者がいう社会統合政策である。

その目的を達成するために何をすべきか。第一に、日本に入国した移民に日本語や社会の基本ルールを教える移民教育制度の充実を図る。第二に、国籍、民族を問わず、すべての人に機会均等を保障し、「移民が将来の日本に希望を持てる社会」をつくる。

ところで、日本が移民国家になれば、ドイツ、フランスなどと同じように社会問題を抱えることになるから、移民の受け入れに反対という意見がある。

しかし、日本の教育機関で外国人を一人前の職業人になるよう教育したうえで、就職を支援し、速やかに永住者の地位を与える日本型移民政策をとれば、国民が懸念する治安の悪化を招くことにはならないと考える。

ドイツやフランスで移民の受け入れがうまくいかなかったのは、定住外国人わけても移民二世に対する教育を熱心に行わなかったからだ。

移民の子供たちの多くが、言語能力に問題があって学校の授業についていけない。低学歴のゆえに適当な就職口もない。成人になっても生活保護に頼って生きていくしかない。そういう絶望的状態に置かれた若い移民の中から犯罪に走る者が出てきたのだ。

なお、二〇〇五年に移民国家宣言を行った後のドイツは、移民に対するドイツ語教育の充実など定住支援に力を入れた結果、今ではヨーロッパ第一の移民大国になった。ちなみに、先に紹介した朝日新聞の「戦後、移民――日独世論調査」(第4章(8)『朝日』と『読売』が移民問題で動いた)によると、実にドイツ国民の八二%が「移民を受け入れてよかった」と回答している。

私が提案している育成型移民政策は、ヨーロッパの経験を教訓とし、日本語教育、文化教育を重視し、移民に安定した職場を紹介するものである。

およそ移民が志望校に進学し、希望する職業に就き、社会に適応し、安定した生活を送ることができれば、犯罪などの問題を起こすとは考えられない。

さらにくわえて、日本には移民を受け入れるための産業基盤も教育機関も精神風土もそなわっている。たとえば精神的土壌についていえば、移民に対する差別なども日本では諸外国のようにひどくならないと考える。欧米諸国には白人優越主義と、キリスト教の一神教を崇拝する精神風土が根本にあり、これが移民に対する偏見や差別を生んでいる。一方、多神教で人種・民族に優劣はないと考える日本人の心には、そのような宗教差別も人種差別もない。

有史以来、日本人は外国の文化・宗教・言語を寛容の心で受け入れてきた。移民も礼を尽くして迎えるであろう。

(3)移民政策成功の秘訣

日本の移民政策の成功は、世界中の青少年を日本の高等職業専門学校・大学・大学院などの高等教育機関に引き寄せ、十分に教育し、グローバル人材に育て上げるかどうかにかかっている。文部科学省と大学は連携して、移民時代に備え、次のような大学改革を行ってほしい。

第一に、留学生三〇万人制度を確立する。世界最高水準の留学生教育を実施する体制を早く整え、世界各国の学生を公平に入れる戦略的留学生政策を展開する。

そのためにまず、中国人が留学生の六〇％（二四万人の留学生のうち九万人が中国人）を占める現在の寡占状態を抜本的に見直す。向こう一〇年間で中国人留学生の占める割合を一〇％以下の水準にまで引き下げる。

第二に、国は、高等職業専門学校や大学などで専門知識・技術を身につけた留学生については、日本人の学生と対等の立場で就職戦線に参加し、しかるべき職業についてもらうため、機会均等と同一労働同一賃金の原則を遵守するよう企業等を指導し、外国人の就職環境の改善をはかる。

移民革命と大学革命のめざす方向は同じで、世界で通用する人材の確保と育成である。その意味では、二〇〇八年に当時の福田康夫内閣がうちだした留学生三〇万人計画は、移民教育を重視する日本型移民政策の強力な推進力になるものだ。

現在、日本の大学等を卒業後も日本にとどまる留学生は三〇％ほどである。移民政策で生産人口を増加させるために、この数字を七〇％近くまで引き上げる必要がある。

国は、高等職業専門学校で専門知識や高度技術を身につけた留学生には、有能な人材を渇望している農林水産業、介護福祉産業、製造業などの職場を紹介する。大学、大学院を卒業した留学生については、日本人の学生との機会均等を保障し、多文化・多言語を身につけたグローバル人材の活用を日本企業に勧めるなど、留学生の就職率の向上をはかる。

同時に、世界市場での生き残りがかかる企業は、経済のグローバル化に対応できる人材を確保する観点から、積極的留学生採用計画を立てる。

これだけで十分とはいえない。法務省入国管理局が留学生優遇政策を打ち出す必要がある。大学・高等職業専門学校への入学が決まった外国人には、直ちに「留学」の在留資格(在留期間は在学期間に応じ四年、三年、二年)を与える。大学等を卒業し、日本の会社などへの就職が決まった外国人については、原則として、留学の在留資格から就労関係の在留資格への変更を認め、入国後五年を経過した時点で「永住」を許可する。

以上の留学生関連改革を行えば、日本の高等教育機関は世界中から志のある若者が集まる人材の宝庫にして移民の豊かな供給源になる。そうなれば日本型移民政策の基礎がかたまり、一〇〇〇万人の移民受け入れが順調に運ぶであろう。

最後に、日本企業の世界進出のあり方について、老婆心から付言しておきたい。激動する世界の情勢に詳しい世界人材がいない企業は世界市場から取り残されるおそれがある。特に、日本人は民族問題と宗教問題に疎いところがあるので、日本人オンリーの企業は多国籍の人材を多く抱える世界企業と五分に闘えない。たとえば、民族・宗教対立に起因して世界のいたるところで起きているテロ、人質事件、内乱などの問題に的確に対処できない。

海外市場を相手に仕事をする場合、日本人だけで企業経営をやっていたのでは、刻々変化する世界の動きが読めない。外国人の趣向や価値観をよく知る人材が社内にいないと、海外の顧客が何を求めているのか、どんな商品を提供すれば売れるのかがわからない。

日本企業のきめ細かなサービスや精巧な製品自体はすばらしいものであっても、外国人の好みに合わなければ海外では勝ち目がない。

外国の伝統文化や外国人のものの考え方に対して純粋無垢なところがある日本人は多国籍企業でもまれた国際人には太刀打ちできない。世界に打って出える気概のある中小企業の経営者は世界各国の文化に精通する国際人材の獲得に努めてほしい。

企業が外国人を採用する場合、人事、給与、昇進などは日本人と平等にすべきだ。自由競争、実力主義が原則だ。日本人と外国人とのスタートラインを一緒にし、有能な人材であれば、国籍を問わず抜擢する。企業のトップに外国人新卒者が昇進できる道も開く。

企業の経営体質を世界人材に開かれたものに改めないかぎり、世界を股にかけて活躍する人材は日本企業に見向きもしない。企業の生き残りをかけて、数十年先の日本と世界の姿を視野に入れた外国人採用計画を立案してほしい。

(4)日本語教育と移民

日本が日本型移民政策を実行に移す場合の課題は日本語教育体制の整備である。日本の小学校、中学校は日本語のできない子供を教えた経験が浅いため、日本に居住する外国人を教育する体制になっていない。

政府は、大量移民時代の到来に備え、小学校・中学校が、日本語のできない在日外国人の子供を受け入れ、十分教育する体制を一刻も早く整えるべきだ。

同時に、旧態依然の日本語教育のあり方を根本的に見直す。外国人が短期間で日本語会話能力を習得できる日本語教育法の確立や、パソコンを使った漢字学習法の技術開発など、間近に迫る移民国家の時代をにらんだ日本語教育法の改革をお願いする。

世界の若者が日本語に親しみを感じ、日本語を楽しく学んでもらうための工夫も必要である。一つ例を挙げれば、外国人の日本語学習意欲を高めるために、外国人に覚えてもらう必要がある漢字を、「外国人常用漢字一覧(一〇〇〇字程度)」として国が公示することにしてはどうか。

日本語教育学の専門家の発想の転換が求められる。日本語は日本人の独占物ではなく、世界の多くの人々が学ぶ世界言語になったという新たな認識に立って、学ぶ側の外国人の立場に配慮した日本語教育制度を確立してほしい。

在日外国人の子供たちが日本の学校で勉強し、日本語の読み書きに熟達すれば、学校の授業が理解できる。進学の道が開ける。希望する職を得ることができる。

成人後は、日本人とのコミュニケーションもスムーズにいくし、日本人の友達もできる。社会統合も進む。日本語には日本人の考え方や生き方など日本文化のすべてが含まれているので、日本語を身につけた外国人は日本人といい関係を結び、日本社会への適応も早い。

日本人と移民が共生する社会をつくるためにも、移民に対する日本語教育が重要である。日本語のできる外国人となら、日本人はすぐにうちとけて親しくなる。日本語をマスターした外国人は、日本的思考や日本的美意識をある程度理解できるようになる。さらに努力すれば、日本の知識人と五分の議論ができるようになるであろう。そればかりか、日本人の行動美学に共鳴する外国人、心は日本人よりも日本人の外国人が現れるかもしれない。着物を着こなす外国人や武士道にのめりこむ外国人が出てくる可能性もある。

日本に骨を埋める決意の移民のみなさんにお願いがある。日本社会の多方面で活躍するためにも、日本の土地になじんで幸せに暮らすためにも、日本語の会話能力だけではなく、漢字の読み書き能力を身につけてほしい。

(5)人材育成型移民政策のエッセンス

近時、『朝日』が移民賛成の動きを見せているのをみて、二〇〇七年二月九日の朝日新聞の『三者三論』に、『移民国家』ニッポン？『人材育成型』の政策を採れ」の表題の談話記事が載った九年前のことを思い出した。

その談話記事を読み返してみて、その後に展開する日本型移民国家論の原型がすでに出来上がっていることを確認した。しかし、当時、この小論は世間から全く相手にされなかった。移民一千万人構想はまだ機が熟していなかったということなのだろう。

以下は、朝日新聞で語った人材育成型移民政策のエッセンスである。移民国家論争における参考になれば幸いである。

〈戦後の長い間、日本政府は外国人をほとんど受け入れてこなかった。当時の入管現場のキーワードは「定着防止」だった。外国人の定住や永住を嫌っていた。背景には「人口増加の続く過密社会」という社会事情があった。

だが今、日本は人口減の時代に入った。今後、一定数の外国人は政策的に受け入れていかざるをえまい。過疎化で地域社会崩壊の危機にある村が多く、高齢化で介護従事者も不足するうえ、人口減で経済活力が落ちれば社会保障秩序も崩れかねないからだ。

外国人労働者をもっと受け入れよとの議論があるが、私はそれには与しない。「労働者」受け入れという立論は、外国人を短期間こき使う印象が強いからだ。そうではなく、日本は「移民」の受け入れをこそ検討すべきだ。

その都度のこちらの都合で受け入れたり追い返したりする方法ではなく、将来的に日本国民になってもらうことを視野に入れた、定住促進型の外国人政策への転換である。

今後五〇年で人口が仮に四千万人減るとしよう。その間に一千万人の移民を受け入れ、人口一億人の社会へ移行することなら、努力して、やれないことはないと思う。

その場合、受け入れの仕組みが成否を決める。高度技能を持つ外国人労働者は英語圏をめざし、漢字圏の日本には来ないと認めて、日本は「人材育成型」の移民政策を採るべきだ。外国人が日本の学校できちんと日本語を学べるようにし、職業支援も積極的に行って、国内で技能労働者に「育って」もらうのである。

海外では主要都市に「ジャパン・カルチャーセンター」を作ってはどうか。日本に興味を持つ若者に無料で日本語を教える。そこで発掘した人材を国費で受け入れ、学校や就職先を世話して、速やかに国籍も与える構想だ。〉

(6)多民族共生教育

人口危機の時代に生きる日本人の子供の未来は、移民の子とどのような人間関係を形成するかで決まる。大量移民時代を迎えると、小中学校に通う移民の子供が飛躍的に増えるので、移民の子と机を並べて勉強する小中学生向けの多民族共生教育が重要になる。

移民教育を実践する場合に注文がある。教育現場において外国人の特性を認めない、日本人の型に合わせるような教育をしてはならない。外国人のユニークな発想や豊かな感性を殺してはならない。そんなことをしたら移民を入れたかいがない。育成型移民政策を採用するときに画一化教育を廃止し、外国人の持つ文化的バックグランドを尊重し、個性的な人材を育てる教育への転換をはかるべきだ。

そのうえで、日本人の小学生・中学生が正しい外国人観、外国人との交際法を身につけるよう、共生教育を徹底して行う。そのための啓発科目を小中学校のカリキュラムの中に入れることも必要だ。

移民の子供たちと一緒に学び遊ぶ日本人生徒は、異なる民族との交流で日本人であることに目覚める。移民とのはだかの付き合いを通して人間は多様なものであることを肌で知る。同時に、肌の色や宗教が違っても同じ人間であるという人類の本質を理解する。

日本の学校で移民の子との異文化交流を体験した日本の児童・生徒・学生は、「民族の心」と「寛容の心」をあわせ持つ心の広い日本人に成長するだろう。

学校だけでなく家庭においても、地球上には多様な人種・民族が存在すること、すべての人種・民族に優劣はないこと、地球社会において日本人はかけがえのない存在であることを親と子でとことん語り合ってほしい。

移民と共に学んで地球人に成長する日本の子供たちに共生社会樹立の夢を託す。いろいろな顔の民族と一緒にいるだけで幸せを感じる日本人と、すべての民族と対等に付き合う日本人に敬意を表する移民が和気あいあいで暮らす社会をつくってほしい。

(7)多民族社会は人材の宝庫

日本の人口問題は日本人の数の激減にとどまらない。それよりもっと深刻な質の問題がある。政治を筆頭に、経済、行政、教育、学術、ジャーナリズムなどの分野で優秀な人材が枯渇しつつあることだ。ここにその何よりも雄弁な証拠がある。

まさに今、人口崩壊という空前の国家的危機に臨み、時代は日本を正しい方向に導く指導者を必要としている。だが、天下国家を論ずる日本人、未来を見通す日本人、地球的視野で考える日本人が決定的に不足しているのだ。

一五〇年前の幕末から明治にかけての激動の時代には、革命家や国士が綺羅星のごとくいた。当代の日本も国家の浮沈がかかる革命の時代である。なにゆえ平成の世には国家の危機を救う救世主が現れないのか。新しい国家ビジョンを立てる人物が出てこないのか。

ただでさえ均質性の高い民族であるのに、それに輪をかけた画一化教育で育った日本人は、型破りの発想ができない平凡な民族に成り下がったのか。総じて日本人が小粒になったことは否めない。

タフな日本人が減り、脆弱な日本人が増え、民族の総合力としての日本人のパワーが急速に落ち込んだと感じる。これから超少子化が猛スピードで進む中、日本の政治力・外交力・産業力の弱体化に歯止めがかからないのではないかと危惧する。

それだけではない。一〇〇〇年以上もの間、島国の中であうんの関係を結んで暮らしてきた日本人は、自然と同族意識の強いひ弱な人種になった。このまま移民鎖国を続ければ、世界列強が生き残りかけて死闘を演ずる世界から取り残されてしまうおそれがある。

地球時代の日本の飛躍発展をかけて、世界の諸民族を移民の地位(将来の国民)で迎え入れ、国民の構成を一段と多民族化させる時がきた。一千万単位の将来の国民を入れて、多彩な顔を持つ国民に変身するのである。

先祖代々の日本人が社会の成員の一〇〇%近くを占める単一民族社会のままでは、何が起きてもおかしくはない激動の時代を生き抜くのは難しい。社会の空気に従って満場一致で物事を決める日本人が大多数を占め、外国人や移民が住みづらい社会のままでは日本の国力は衰退の一途をたどる。

いっぽう、移民立国で地球上の民族を網羅した多民族社会に移行すれば、それぞれの民族が持つユニークな発想と鋭い感性と奥深い思考が競い合う躍動感あふれる社会が誕生する。移民一世・移民二世から異色の人材や逸材が輩出する社会である。

⑻多言語社会の成立

私は最近、日系ペルー人のカブレホス・セサル氏と会って、日本の移民政策のことや、日本に住む日系人のことなどについて話をした。初対面で意気投合した。セサルさんは日本が大好きなペルー人。いや日本人というべきか。国籍はペルーだが、心は日本人である。

セサルさんは一一の時に日本に来て、現在三九歳である。通訳、翻訳の仕事をしており、スペイン語、ポルトガル語、日本語に堪能である。理路整然と話す知識人。スペイン人の血が入っているのだろう。好男子である。

奥さんも日系ペルー人である。一四の時に来日。来日した時の年齢にセサルさんと三年の違いがある。この三年の差が大きいと彼はいう。彼女はペルー人としてのアイデンティティを確立してから日本に来たので、ペルー人としての意識が強いという。今もスペイン語のテレビを見るのを一番の楽しみにしているそうだ。

四人の子供に恵まれ、家では子供の将来のことを考えてスペイン語オンリーの生活である。子供たちは学校や外では日本語を上手に話す。セサルさんは、子供が日本語とスペイン語を駆使して国際人として活躍する夢を語った。

六人の家族全員が英語を含め三国語を話す国際人。私はこの在日ペルー人家族から移民国家ニッポンの家族のあり方を学んだ。移民時代の多言語社会の到来を予感した。

多民族社会を迎えると、移民二世に対する母語教育に力を入れる必要がある。移民一世が持っている文化や感性を移民二世に受け継いでもらうために、移民の第二世代に親の母国の言語を教える体制を確立することが重要だ。

われわれは、親の母語を継承することによって初めて移民二世が民族的アイデンティティを保持し、世界に通用するグローバル人材に育つことを理解しなければならない。

また、旧態依然の日本語教育法を抜本的に改革する必要がある。たとえば、移民の母国の言語に配慮した日本語教育法の研究や、日本語の会話能力と漢字の読解力を短期間で外国人に身につけてもらうための日本語教育法の研究を急ぐ必要がある。

移民一千万人の受け入れが順調に進むと、日本人と移民の間の交流が盛んになり、数カ国語を話す国民が増えるだろう。特に若い世代の間で、人種や文化の異なる人に魅力を感じる日本人が多数に及び、少数言語を学ぶ者や異なる民族と結婚する者が続出するだろう。

以下は、私が目標に掲げる二〇六〇年の日本である。移民二世に対する日本語教育と母語教育を実施する体制が整備されており、日本人と移民のカップルをはじめ出身国を異にする人々の間の結婚が当たり前になっている。移民二世や異民族間結婚で生まれた子供など約一〇〇〇万人の国民が、日本語、親の出身国の言語、英語の三カ国語以上を話す多言語社会が成立している。

⑼在日コリアンと移民

現代の日本人の外国人観を見ると、地球上の人種・民族はみな平等であると考える日本人の心には、欧米諸国で見られるような根深い人種差別はない。何より外国人を懐に暖かく迎える心がある。たとえば国際結婚について見ると、在日韓国・朝鮮人の結婚相手の約九〇％が日本人であることに代表されるように、人種・民族・国籍の異なる人と結ばれる日本人が比較的多い。

宗教についても、日本人は仏教など異国の神々を進んで受け入れた宗教に寛容な民族である。一神教のヨーロッパ諸国では宗教問題がネックになって移民の社会統合はあまり進んでいないが、やおよろずの神々を信仰する日本人は宗教も国籍も多様な移民をスマートに受け入れると考えている。

さて、今日、経済界、スポーツ界、芸能界などを見渡すと、在日コリアンの活躍が目立つ。医師、弁護士、公認会計士など専門職に従事する人も多い。

戦後の歌謡の世界は在日コリアンの存在を抜きにしては語れない。ソフトバンクの創始者の孫正義氏を筆頭に起業家が続出した。焼肉とキムチが日本人の好きな食べ物になったのも朝鮮半島出身者がいたからだ。

私たち日本人は、戦後日本に残った六五万人の在日朝鮮人とその子孫が、日本の社会・経済・文化の発展に貢献したことを忘れてはならない。在日朝鮮人は画一社会の日本で異彩を放った。もし彼らが存在しなかったとしたら、血統的日本人が社会の成員のほぼ一〇〇%を占める、単一色で味気ない社会になっていたであろう。

ここでひとこと言っておきたい。日本人の歴史認識が問われるとともに在日コリアンの民族的アイデンティティがからむ、困難きわまる少数民族問題を解決の方向に導いた経験は、一〇〇〇万人規模の移民を迎えるときの日本人の自信につながると考えている。

六五万人の朝鮮半島出身者が大きな仕事をした実績に照らして考えると、全世界から一〇〇〇万人の移民を迎えると、移民の中からどんな異才が現れるか、移民がどんな偉業を達成するか、それを想像すると期待に胸がたかなる。

第10章 移民で日本全体が潤う

(1)移民は地方創生の起爆剤

人類史はヒトが地球上の新たな土地を求めて移動する「移民の歴史」であった。現代は国民国家の時代で、人類は多数の国民に分かれて居住しているが、悠久の人類史をさかのぼれば国民はすべて新天地をめざして移住してきた移民の末裔である。

超少子化で国内人口移動が停滞する時代に入った日本は、日本列島の中で人材を取り合うのではなく、広く世界の人材に目を向け、国際人口移動（移民）に活路を見いだすべきだ。

若年層の外国人を農業高校・水産高校などで教育し、移民を適正に受け入れる大規模経営体制を確立すれば、インフラが整い、産業技術の蓄積がある第一次産業は世界から若手の有望株をひきつけられると考えている。

移民政策の導入と軌を一にして、地方に在住する移民と日本の若い世代が「ふるさと創生」のスローガンを掲げて立ち上がり、都市部から農村部への人口移動の大波が起こることを期待する。フレッシュな移民は地方創生の起爆剤になるであろう。日本の若者と世界の若者は力を合わせて日本の産業遺産・文化遺産・自然遺産を継承してほしい。また、国と地方地治体は若い人たちの愛国の情がこもった地方創生事業を全面的に応援すべきだ。

農林水産業は縄文・弥生の時代から日本人が産業技術を継承・発展させてきた歴史的産業遺産である。自然の恵みに感謝しながら食料を生産し、魚介を採り、樹木を育てる。このような第一次産業の生業を価値の低いもののように見るのは大きな間違いである。太古の昔から日本人が受け継いできた万物有魂論の自然観に反し、自然を冒とくするものだ。

私の親しい在日外国人は、清流が流れ、田んぼが広がる田園生活に憧れている。殺伐とした大都会とおさらばし、自然に親しみ、人間の生活ができる田舎生活にひかれる日本人が次々と現れることを願ってやまない。

日本人の心のふるさとが荒廃すれば日本人の心がすさむ。自然との共生思想が根底にある日本精神を子々孫々に伝えるためにも、里山と里海に代表される「人間が自然に寄り添って生きる景観」を守る必要がある。

(2)石破茂地方創生相の移民政策推進論

二〇一四年秋、安倍晋三首相は後継者の一人と目される石破茂氏を地方創生担当大臣に起用し、二〇六〇年の一億人の人口目標を達成するため地方の人口減少対策に力を入れる方針を打ち出した。

人口目標を立てるのは結構なことだが、人口の自然減が深刻化する地方において、移民人口を大幅に増やす移民政策を欠く人口減少対策は失敗に終わると明言する。

安倍首相が「移民受け入れの国民的議論」を呼びかけた国会答弁(二〇一四年二月一三日の衆議院予算委員会)を受けて、人口激減による社会消滅の危機が切迫する地域から移民を求める声を政治家にぶつけてほしい。政治家は移民を求める地方の人たちの意見を尊重すべきだ。

かねてよりわたしは、一般に広まっているイメージとは逆に、地方の人々は移民の受け入れを強く望んでいると考えている。もちろん、移民を懐に暖かく迎える心は都会の住人よりも豊かである。日本人のもてなしの心の原型は田舎の住人のこころに深く刻まれていると推察している。

田舎の人は移民が入ってくるのを好まないと信じている政治家がいるとすれば、人間の心と社会の空気が読めない人だ。若者が去って少数の老人だけが残った社会を想像してみてはどうか。隣近所が空き家になって人気がなくなった農山村に住む人たちのさびしい生活に思いをいたしてはどうか。

地方の人たちは、人がいなくなってさびれる一方のコミュニティの再生をいちずに思い、のどから手が出るほど移民の受け入れを願っている。

政府が移民開放政策をとり、世界の若者を呼び込めば、地方の人々は待ちに待ったフレッシュマンを同胞として迎え入れる。移民開国で働き盛りの人材が供給されれば第一次産業の復活のめどが立つ。新しい住民からパワーをもらって地方創生の道が開ける。

ここまで筆をすすめて、人口崩壊社会の脅威を肌で知る石破茂地方創生相の移民受け入れ推進発言に接した。二〇一五年一一月、「人口が減る中で、移民の方々を受け入れる政策はさらに進めていく」旨の決意を表明し、移民を渇望する地方の声に真摯に耳を傾けた。

石破茂大臣は「移民政策には手をつけない」という政界の禁忌を破った。だのになぜか閣内からも与党内からも野党からも批判の声が出なかった。どうしてこういう願ってもない結果に落ち着いたのか。人口崩壊と社会崩壊の二つの危機が迫る地方の人々の切なる思いにこたえた正論に政治家の誰ひとり反対できなかったということではないか。

日本消滅の危機感が政治家の心を一つにし、政界全体が石破発言を容認する好結果をもたらしたのだと私は理解する。これで地方再興の展望が開ける。地方住民の気持ちをしっかりつかんだ石破茂氏の移民政策推進論は政府の基本方針に発展するだろう。

(3)地方創生のマンパワー

就業者人口の減少が加速している農林業地帯では耕作放棄地が拡大し、太古から日本人が営々と守り続けてきた水田と森林の荒廃が進んでいる。食料・資源の確保のみならず国土・環境の保全の観点からも、存亡の危機にある農山村社会をよみがえらせる必要がある。

水産業も同じである。まわりを海に囲まれ、水産物資源に恵まれているのに、就業者数も漁獲量も減り続けている。

生産人口の激減の直撃を受けている第一次産業をどうすれば再生できるのか。後継者の激減で存続が危ぶまれる第一次産業を元気にする方策として、私は移民政策の積極的活用を提案している。人口問題の解決策として百害あって一利なしの外国人技能実習制度を廃止し、労働力としてではなく人間として、生活者・社会の一員・将来の国民として、移民を温かく迎え入れるべきだと主張している。

農業も林業も漁業も縄文時代から続く伝統産業である。代々の日本人の英知が結集された産業技術を必要とし、俗にいわれる単純労働なんかでは決してない。

問題は、日本の歴史遺産である産業技術の継承者がいなくなり、第一次産業地帯の日本人と村落が次々と消えてしまってもいいのかということである。同時にそれは日本古来の伝統文化が絶えることを意味する。

ネクタイを締め、会社でパソコン相手に仕事をする生き方がすべてではあるまい。考え方が古い私はそのように考えるが、現代の若者は田園生活よりも都会生活のほうが好きなようだ。

都会生まれの都会派が中心の少子化世代が担う日本の将来は一体どうなるのだろうか。日本の田舎生活をいとわない移民の助けを借りなければ、お先真っ暗といわざるを得ない。

ここで強調しておきたいことがある。日本の田舎は生活環境が整備されており、住民の人情もこまやかである。今なら海外からの移民を十分ひきつけられると考えている。

生産年齢人口の激減期に突入した第一次産業を瓦解から救う道は、もはや移民政策しか残されていない。政府は直ちに移民の受け入れを閣議決定し、地方創生のマンパワーの確保に乗り出すべきだ。外国人に産業技術を教える高齢者が存命のいま決断しなければすべての努力が水泡に帰する。

なお、移民政策の導入にあわせて家族単位の不安定な第一次産業の経営形態を抜本的に見直し、移民受け入れ機関として安心してまかせられる経営体に改める必要があることを申し添える。

(4)農業移民特区構想

日本農政の積年のうみを出し、農山村社会の展望を開くのに移民政策が威力を発揮すると考えている。

いま現在の農業人口は約二〇〇万人。戦後の一時期には一六〇〇万人を数えた農業人口は激減し、現在はその八分の一にまで減少。農業就業者の平均年齢は六六歳。これから農業就業者の減はさらに一段と加速し、消滅する農山村社会の増加と食料生産量の減少に拍車がかかる。

日本の農業を衰退化させた根本原因が農業人口の激減にあることを見据えると、新規就業者を増やす効果のある移民政策と一体となった農業革命の実施は待ったなしといわなければならない。

そこで、農業革命の第一弾として、一〇年間で五万人の農業移民を受け入れ、約五〇万ヘクタールに及ぶ耕作放棄地を耕地に戻す「農業移民特区」構想を提案する。

地方自治体からの申請に基づき、内閣が耕作放棄地を中心とする一定地域を「農業移民特区」に指定する。同時に、同特区において移民の雇用を認める「農業生産法人」（特定農業生産者）を指名する。特定農業生産者は資本力と経営力のある一般企業の中から選ぶものとする。

それとともに、日本での農林業を志望する世界の若者を日本の農業大学校、農業高校に入れて教育する。国は、農業移民の教育費にあてるため、農林中央金庫が出資する「農業移民育成基金」を創設する。

特定農業生産者は、日本の農業専門学校を卒業した外国人を正社員で雇用する。日本人との同一労働・同一賃金が原則である。入管法上の外国人の地位は、学生の間は「留学」とし、就職が決まった後は「農業技術」とする。その後、速やかに「永住者」の地位を与える。

特定農業生産者は、日本の農業技術の粋をあつめて品種改良に取り組むとともに、高品質で滋味に富むコメ、果物、食肉などを輸出し、国際競争力のある農業の先導役を務める。

農業移民特区制度が軌道に乗れば、競争原理が働き、中堅農家が共同で法人組織を作り、移民を積極的に雇用し、大規模経営に乗り出す機運が高まるであろう。

五万人の農業移民が入ると、農村・山村はどのように変わるのだろうか。ニューカマーの移民が働く田園に昔の活気が戻る。移民は日本の伝統文化が色濃く残る農山村社会にとけこんで生活している。日本料理が好きで、各種の伝統行事に参加し、日本人との交友関係も良好である。

なかでも「お祭り」の熱狂的なファンで、色とりどりの民族衣装に身を包んで祭りに興じている。特に神輿が出る祭りには目がなく、はっぴを着た日本人と移民が声をかけ合い、息を合わせ、一体となってみこしをかつぐ光景が見られる。

⑸島根林業移民特区で林業を成長産業へ

あまり論じられことはないが、林業は衰退の極にまで来たといわなければならない。国土の六割が森林面積であるのに、後継者難で五万人ほどの就業者しかいないと聞いている。いますぐ林業従事者を確保する手段を講じなければ、先祖代々の日本人が守ってきた山村が次々消えてゆく。歴史遺産の森林を荒れ放題にしていいのか。山林の荒廃によって川や海や空気を汚染させてもいいのか。自然災害にもろい国土にしていいのか。古代から豊かな森林資源に恵まれ、かつては森林王国と呼ばれた島根県の場合、林業従事者がいなくなって森林業者は輸入材の加工などを細々とやっているということだ。そこで提案がある。

国は島根県の森林地区を「林業移民特区」に指定し、二〇代が中心の五〇〇〇人の「林業移民」の受け入れを認める。県が中心となって農業高校で林業技術や伝統文化を移民に教え、森林業組合が移民を雇用して大規模経営の林業をおこすという構想である。山村で孤塁を守っている日本人は移民を地域社会の一員として温かく迎える。

農業高校を卒業した林業移民には、植林、間伐、伐採、森林加工、バイオ燃料精製などに従事してもらう。林業移民の加入で島根県の林業は元気を回復し、人口が増えた山村は昔の活況を取り戻すだろう。島根林業移民特区は地方創生事業のパイロットケースになるであろう。

(6)漁業移民で三陸漁業が復活する

二〇一一年三月一一日午後二時四六分。宮城県三陸沖を震源とする東日本大震災が発生した。その直後に東北の太平洋沿岸を大津波が襲った。日本屈指の漁場である三陸沖沿岸の市町村は見るも無残な光景に変わった。

大津波で甚大な打撃をこうむった水産業地帯をどうすれば立て直せるのか。だが、震災後五年が経過したというのに、三陸沖沿岸地方の再建は思うように進んでいないようだ。それどころか、若年層の漁業離れがとまらず、漁業人口の減少が進んでいると聞く。

慢性的な後継者難から就業者が減るいっぽうの中で大津波を伴った巨大地震によって産業人口が急減した現実を直視すると、将来の漁業を担う人材の絶対的不足が復興の最大の障害になっていることは明白だ。六〇代・七〇代が中心の陣容では壊滅状態の地場産業の再起の見通しは立たない。最悪の場合、大災害から立ち直れず、地域社会が消滅するおそれすらある。

絶望的な局面を打開する有効な手がある。第一に、世界の若手の人材を移民(将来の国民)として迎える「移民政策」を取り入れること。第二に、家族単位の不安定な漁業の経営形態を見直し、移民の適正な受け入れを行うに足る経営体に改めること。

世界有数の漁場である三陸地方の漁業を再生させるため、漁協や一般企業が投資した水産業法人(株式会社)が、日本の漁師に憧れる世界の若者を雇用し、大規模かつ多角的な水産業を展開するというものだ。そのためには、一〇代・二〇代の外国人を水産高校に入れて一人前の漁師になってもらうため教育し、地域社会は移民を漁業の担い手として歓迎することが前提である。

漁業移民には、遠洋漁業、沿岸漁業、養殖業、水産加工に従事してもらう。漁業分野に移民政策を導入すれば、年配の三陸漁師と若手の漁業移民のコラボレーションで三陸の水産業地帯に以前の活気が戻るであろう。

(7)製造業移民が日本産業を救う

日本の産業力・技術力を根底で支えている中小・零細の町工場などが後継者難による人材不足から次々と廃業に追い込まれていると指摘されて久しい。中小企業に人材を潤沢に供給しないと、日本の歴史的産業遺産ともいうべき東海道工業ベルト地帯の存続すら危うくなる。

たとえば、日本の産業界の雄であるトヨタ自動車の傘下の企業の一角が、働き手の確保がむずかしくなって倒産するというような事態が生じると、その影響は計り知れず、日本の産業全体に及ぶ。

トヨタ自動車は国内三〇〇万台生産体制を死守すると言っている。国もトヨタの愛国の心にこたえなければならない。トヨタの国内生産体制を支えるため、海外から優秀な製造技術者を移民として迎え入れ、トヨタ関連の中小企業に配置すべきだ。

先に紹介したように、経団連の榊原定征会長は二〇一五年七月の経団連主催の夏季フォーラムにおいて国の移民政策に言及し、「今後、建設業や医療、製造業など幅広い分野で人手不足が深刻化するから、受け入れ拡大が不可欠」と述べた。経済界トップの発言であるから重みがある（第5章(3)「榊原定征経団連会長の歴史的発言」）。

経済界の要請を受けて、国は、世界の若者を日本の工業専門高等学校において熟練技能者の卵に育て、就職が決まった外国人には「製造技術」（新設）の在留資格を付与し、入国後五年をめどに永住を許可することにしてはどうか。

出入国管理行政面からも、日本の物づくりを担う中小・零細企業の求めに応じて外国人材を円滑に供給するなど製造業の振興に一役買うべきだ。

(8)外国人観光客関連産業の勃興と地方創生

二〇一四年の秋以降、政府は地方創生に力を入れているが、決定打となる具体策はまだ見つかっていないようだ。私にグッドアイディアがある。外国人観光客の爆発的増加を背景に、地方住民がイニシアチブをとって外国人観光客関連の新規事業を起こすというものだ。地方のアイディアがいっぱい詰まった新産業の勃興で地方に活力と経済効果が生まれるだろう。

さいわいにも近年、外国人観光客の増加が著しい。政府は二〇二〇年の外国人観光客の目標を二〇〇〇万人から四〇〇〇万人に引き上げた。今後も増加傾向が続くと見込まれるから、外国人観光客をターゲットにしたリゾート型ホテルの建設や、地方が自らの魅力を世界にアピールする新観光資源の開発など、外国人観光客がらみの巨大プロジェクトを各県が競って立ち上げることにしてはどうか。

それによって地方における公共事業関係の投資が増える。プロジェクト完成後は、その一帯が地方の外国人観光事業の拠点の役割をはたす。雇用や地域経済にも好影響が及ぶ。たとえば、ホテルの調理師やフロント係、観光バスの乗務員、観光ガイド、みやげ物売り場の店員などの雇用が生まれ、滞在型の外国人観光客が金を惜しまず使うので地方経済が潤う。

その場合、移民政策も、プロジェクトチームの責任者、経営・管理者、外国料理の調理師、ホテルのフロント係、観光ガイド、通訳などの国際人材の受け入れで貢献する。

国は、外国人観光客をひきつける観光資源の発掘調査や外国人観光客の受け入れ体制の整備のために、主として資金面や技術面で地方自治体に協力する。各自治体のトップは、地域住民と一体となって、地域の生き残りをかけて、経営マインドを持って地場産業の振興につとめる。

⑼移民と高齢者の心が通うパラダイス

介護福祉産業を成長産業の代表格に押し上げるためにも一〇〇万人規模の移民の力を借りる必要がある。二〇二五年には要介護者は七五五万人、必要な介護職員は今より一〇〇万人増えて二四九万人になると予測されている(厚生労働省推計)。しかし、介護人材が枯渇しつつある現状に照らすと、思い切った移民政策をとらないかぎり、大幅な増員の確保はもとより現状維持すら危ぶまれる。最悪の場合、介護産業の多くが人手不足で倒産する事態を招く。

つまり、介護産業の存続・発展に外国人介護福祉士の受け入れが不可欠ということだ。それも三〇年間で一〇〇万人の「介護移民」が必要だ。

そのためには、まず政府が、介護福祉の労働市場をアジアの人々に開放し、インドネシア、フィリピン、ベトナム、タイ、ミャンマーなど東南アジア諸国から大量の介護人材を受け入れる方針を決める。また、介護人材を安定的に確保するため、それらの国との間で「移民協定」を結ぶ。

受け入れの成否は、介護移民を送り出す国の人々が介護福祉士の国家試験に合格できる日本語レベルに達するまで、入国前と入国後に日本語をみっちり教えるかどうかで決まる。政府は、外国人に短期間にかつ正確に日本語の基本を教える日本語教育法の開発を急ぐ必要がある。特に入国前に、現地の日本語教師が現地の言語で日本語の基礎を教える日本語教育法の導入は待ったなしだ。

次に、入管法を改正し、介護福祉士の国家試験に合格した外国人等を対象とする「介護」の在留資格を新設する。永住許可基準と国籍付与基準の見直しも必要だ。たとえば、原則として入国後五年で永住を許可し、七年で国籍を与える。

全国に約五〇〇ある介護福祉士の養成学校は、日本の若者の志望者が少なくなって閑古鳥が鳴いていると聞くが、これを活用しない手はない。介護福祉の仕事を希望する外国人に、まず海外で一年間日本語をしっかり勉強してもらう。その後、日本の養成学校で二年間、介護技術、専門知識、日本の風俗習慣などを徹底的に教育する。

国家試験に合格のうえ養成学校を卒業し、介護施設に就職が決まった外国人に対して介護の在留資格を与える。国家試験に落ちても同学校の卒業生については、介護の在留資格を決定し、介護福祉士などとして働いてもらえるよう配慮する。

深刻化する介護人材枯渇時代に備え、外国人介護福祉士を育成する態勢を早急に確立すべきだ。

さて、老人を大事にする心は人類のＤＮＡに備わっている。敬老精神は万国に共通して存在する。日本人と結婚した在日フィリピン人や日本に永住する在日ブラジル人がすでに介護の現場に進出しているが、介護施設の長に話を聞くと、外国人スタッフは言葉のハンデがあっても年寄りを敬う心が豊かで、日本人スタッフの仕事と比べて遜色がないということである。

外国人職員から心のこもった介護サービスの提供を受ける高齢者のみならず家族も外国人に感謝しているそうだ。移民政策の成功のヒントがそこに隠されているように思う。

老人大国・日本がめざす社会は、介護福祉の現場で働く移民の心と、日本の伝統文化を守る高齢者の心が通うパラダイスだ。

(10)九州・福岡から移民開国の扉が開く

二〇一三年の春、私の日本型移民国家構想に共鳴する福岡の有力政治家が訪ねてこられた。「人口の激減で地方経済は疲弊している。地方の再生には移民の力を借りる必要がある」と熱心に語られるのを聞いて、福岡県の人々は移民を渇望しているとの感触を得た。

さらに二〇一四年二月、福岡経済同友会に招かれ、地元経済界の重鎮の前で、「日本発の移民革命が世界を変える」というテーマで話す機会があった。講演後、一一人の経営者と福岡の未来像について討論し、福岡が先陣を切って「移民に開かれた日本」を創ることで意見の一致を見た。

日本の歴史を振り返ると、福岡は古代から大陸からやって来た人の上陸地点だった。奈良時代には大宰府に入国審査の役所が置かれた。鎌倉時代の博多は中華街のある国際都市で商人が活躍した。

博多商人の進取の気風を引き継ぐ福岡の経済人は、福岡の顔にアジアの人々をひきつける「移民開放都市」を加えてほしい。福岡から移民革命ののろしを上げれば、それが九州全域に次々と広がるだろう。

九州には移民の受け入れで格好のモデルになる事例がある。大分県別府市にある立命館アジア太平洋大学だ。この大学は日本で最もグローバル化が進んだ大学である。約八〇カ国から三〇〇〇人規模の留学生を受け入れている。授業の九割が日英の二言語で行われており、教員の半数を外国籍が占める。留学生たちは「心の広い大分県民が大好きだ」と言っている。地球時代の先頭を走るこの大学は日本の宝だ。移民国家になった日本がめざす多民族共同体社会の縮図である。

(11)労働組合と移民

二〇〇九年一月、全日本自治団体労働組合(自治労)の機関誌『月刊自治研』(二〇〇九年一月号)は、「人口減少社会が目前に迫る。少子高齢化に加え、世帯の変容や社会不安も進む中、自治体は、地域の未来像をどう描くべきか。政策転換の舵切りに向けたシナリオを模索する」という立場から、特集「わがまちの人口」を組んだ。その中の一篇として『日本型移民国家の提案』の表題の小論が載った。

同誌は私の小論文のポイントを次のように紹介した。「超少子化と超高齢化という閉塞状況を打開するために、五〇年間で一〇〇〇万人の移民受け入れを提案したい——。外国人を育て、安定した職を提供し、永住者として受け入れる。ミスター入管の描く日本型移民国家像を展望する」。

地方自治体職員を束ねる労働組合から執筆の依頼を受け、日本型移民政策の提言を地方公務員に知ってもらういい機会だと考え、力を入れて書いた。かつて在日朝鮮人問題で坂中批判の先頭に立った自治労の幹部は、坂中移民国家論に接し、坂中英徳の変わりように驚いたのではないか。

この論文は労働組合に一石を投じた可能性がある。近い将来、農村地帯の地方自治体の多くが消失の危機に見舞われ、自治労が移民政策の先導役を務め、労働組合の移民アレルギーがくつがえる時代がくるかもしれない。

以下の文章は、『月刊自治研』に掲載された小論文の冒頭の一節・「移民立国で活路を開く」である。

〈日本は未体験の人口減少期に入り、人口危機の重圧が社会全体を覆っている。特に、このままでは負担が重くなる一方の少子化世代（〇歳から三〇歳まで）の未来に暗雲が垂れ込めている。

この、何とも言えぬ日本社会の閉塞状況を打開し、明るい未来への展望を開くために何をなすべきか。それは思い切って国を開き、五〇年間で一〇〇〇万人の移民を迎えることだ。日本の中に世界の「人材」

を取り込むものだ。超少子化と超高齢化の人口問題に「移民立国」で立ち向かうもので、日本の未来を担う少子化世代の心を惹き付ける国家ビジョンではないか。〉

続いて、「日本型移民政策の骨格」「多民族共生社会をめざす」「五〇年後の移民国家日本」の見出しで議論をすすめた。そして、五〇年後の日本の姿について、「移民とその子孫は、自分たちを暖かく受け入れてくれた日本政府に感謝している。国政選挙では、多くが五〇年前に移民開国への扉を開いた政党に投票する。米国のオバマ次期大統領のように、日本の政界にも移民から救世主になる偉材が出ている」と記述して論を結んだ。

(12)国内人口移動の時代から国際人口移動の時代へ

地域社会から住民(国民)が消えてゆく人口激減時代の日本は国際人口移動(移民)に活路を見だすべきだ。海外から有能な人材を大規模に入れる移民政策の積極的活用は待ったなしだ。

明治時代から戦後の初期にかけて日本の農村地帯は人口過剰が大きな問題であった。大量の若年人口が職を求めて都市部に移住した。農村部の有り余る人口が生産労働人口として日本経済の発展を支え、日本は驚異的な高度経済成長を成し遂げることができた。

ひるがえって平成の現在。第一次産業地帯は深刻な後継者不足と人口激減で崩壊寸前の町や村が多い。

地方は人材が枯渇し、もはや大都市に人口を送り出す余力はない。一五〇年ほど続いた農村部から都市部への国内人口移動の時代は終わった。

それは何を意味するか。日本経済の凋落の始まりである。日本列島全域で経済活力が失われ、日本経済は坂道を転げ落ちるように衰退の道をたどる。

首都東京も例外ではない。東京への一極集中が問題になっているが、社会移動による若者の人口流入が止まると、出生率が全国最低水準の東京は一転して人口激減に見舞われる。万が一移民鎖国を続けた場合の五〇年後の東京は、高層ビルにあっても人がいないゴーストタウン現象があちこちで見られるであろう。

わたしは、首都の衰退は日本の終焉につながると考えており、二〇二〇年の東京オリンピックを機に東京が世界都市に飛躍するため、真っ先に東京に大量の移民を入れる「東京移民特区構想」を提案している（第4章(2)「東京世界都市構想の提言」参照）。

一極集中の東京から地方への人口移動の必要性を主張する人がいるが、職業選択の自由と居住移転の自由が保障される日本国憲法の下で、経済的・文化的に恵まれた東京から地方への人口移動が大規模に起きる可能性は少ない。生活水準の低い地域から高い地域へ移動するのが人口移動の一般的傾向である。水を低いところから高いところに流すがごとき人口逆流現象を起こすことは至難の業だと言わなければならない。

国内人口移動の流れが細る時代の日本は、移民で日本全体が潤うようにするため、国際人口移動に国運をかけるしかない。

第11章　東日本大震災と移民

(1) 移民政策が日本を元気にする

最近の経済指標は、東日本大震災が起きた二〇一一年三月一一日以前から日本がすでに景気後退におちいっていたことを示している。天災の直撃を受けて政府と企業が復興資金の調達を模索する中、日本経済を成長軌道に乗せる重要性が増している。この難問への取り組みが喫緊の課題であることを考えると、経済成長を促すいかなる政策も総動員すべきである。その政策の中には、議論を呼ぶが、しかし不可欠な「移民政策」が含まれている。

あまり語られることはないが、「人口」は日本が直面する諸問題の根底にあるものだ。出生率の低下と人口の高齢化は、若くて生産性の高い就業者が消えていくことを意味する。現在の現役世代が引退し始めると、それはさらにはっきりする。日本政府が人口崩壊をとめる根本的な対策を講じなければ、生産、消費、税収、財政、年金、社会保障、そして国民生活が、高齢化する日本人口と激減する若年人口という二つの抗しがたい圧力につぶされてしまい、日本は全面崩壊の危機に瀕する。

日本が崩壊をのがれる唯一の対応策は、国民が移民を歓迎することである。私は、人口崩壊の悪影響を最小限におさえるため、日本は五〇年間で一〇〇〇万人の移民を受け入れる必要があると主張している。その結果、移民の数は人口の一〇％になり、現在の英国、フランス、ドイツとほぼ同じ水準になる。

これだけの規模の移民が入れば、衣食住、教育、雇用、金融、観光、情報などの分野で新たな市場と需要が創出され、少なくとも移民人口分の経済成長が見込まれる。日本政府が確固たる方針に基づき移民政策を推進すれば、日本経済の長期展望が開かれるから、世界の投資家が評価するだろう。移民送出し国との人の交流が活発化し、新たな好循環が生まれるだろう。

移民は日本の最も重要な産業を再活性化するうえで大きな役割をはたす。たとえば農業。農林水産省によると、日本の農業就業人口は二〇〇五年から二〇一〇年までの五年間で七五万人減り、わずか二六〇万人になった。その平均年齢は六五・八歳である。

一〇年を待たずして農業人口が半減するのは確実だ。漁業も同じ運命にある。漁業人口と漁獲量は同じ方向、つまり急減へと向かっている。

このような人口動態の影響は、東日本大震災の余波に苦しむ宮城県の稲作地帯などですでに見られる。

抜本的な改革を行わなければ、高齢者が中心の農民による再建は遅々として進まない一方で、若年層の農業離れが続き、農業人口の減少が加速する。老い先の短い日本人の労働力のみに頼っていては、農業の再建は不可能である。

移民が必要な地域は、震災に見舞われた地域にかぎらない。日本産業の心臓部で、トヨタなど日本を代表する企業の本拠地がある愛知県もそうだ。地域経済を支えてきた生産労働力人口が減少傾向にあるのだ。二〇〇〇年から二〇〇九年までの九年間において、全体の人口は減少していないが、一五歳から六四歳の生産年齢人口は全体の六九・八％から六五・五％に低下した。生産人口の減少は、稲作の中心地の新潟県や、世界有数の漁場の三陸沖沿岸地方でも見られる。

問題は就業者の数の減少にとどまらない。それよりもっと深刻な問題がある。経済界をはじめ政治、行政、教育、ジャーナリズム、学術などの分野で人材が枯渇しつつあることだ。ただでさえ均質性の高い社会であるのに、それに輪をかけた画一化教育で育った日本人は自由な発想ができない民族になってしまった。海外から新鮮な感覚の人材を補強しないと日本の国力はますます低下する。

日本が昔から単一色の濃い社会であったことを理由に、移民が入ってくると日本の伝統が壊されるという人がいる。しかし、移民政策が日本の価値や文化を損なうことにはならない。政策立案者に移民政策を推進する強い意思さえあれば、移民を上手に受け入れる方法を見つけることができる。

移民政策で重要なことは、専門技術職の移民をひきつけ、移民を社会に融和させる方針を確立することだ。まず留学生受け入れ制度を改革する。現在、留学生が日本に永住できる可能性は少ない。日本の大学を卒業後日本にとどまる留学生はわずか二〇％だ。この数字を七〇％近くまで引き上げる。

政府は、農業など幅広い産業分野で移民に働いてもらうため、留学生をもっと多く受け入れる必要がある。就職が決まった留学生には速やかに永住の資格を与える。すなわち「移民」という最も安定した地位を保障する。永住許可や国籍取得の手続きの簡素化も必要である。少なくとも定職を持つ外国人の永住許可の申請を認めるべきだ。人口が減少する国に出稼ぎ労働者はいらない。

移民関連の政策はその実現に時間を要するかもしれない。しかし、これはやり遂げなければならない。政府は、キャリアの途中で外国から移住してくる勤労者をカバーできるよう年金制度を改革する。国籍法を改正し、移民の子供には生まれた時に国籍を与える。行政は企業文化の変革を企業に働きかける。たとえば、外国人は給与や昇進の面で差別されているが、そのような慣行をやめるよう民間企業を指導する。家主は外国人の借り主を歓迎する。

移民関係の改革は大がかりなものになるだろう。しかし、それによって日本人の生活の良質な部分が害されることにはならない。たとえば、政府は移民の日本語学習を奨励する。そうすれば移民と日本人との融和が進み、移民の子供は流暢に日本語を操れるようになる。

外国人は怖いというイメージを抱く人がいるかもしれないが、専門技術を有する移民を受け入れ、移民とその家族が社会と経済の発展の恩恵に浴すれば、移民は公共の安全を脅かすものにはならない。

日本は地球社会の時代に入ったことを認識しなければならない。世界の諸民族を移民の地位で迎え入れ、多文化で多様性の豊かな社会に自らを変えることによって日本の生き残りをはかるべきだ。これは国家的大事業に発展するだろう。しかし、日本が安易な解決策で済ませる時代はもはや過去のものとなった。

（注）二〇一一年六月一五日付けの『ウォール・ストリート・ジャーナル』（アジア版）に「An Immigration Stimulus for Japan」の表題で発表した論文の元になった日本語原稿である。

(2)日本人が消えてゆく——東日本大震災から立ち直れるか

わたしは東日本大震災の起きる前から、人口動態の大転換に起因する体制崩壊を防ぐ起死回生の策は移民国家の創成であると国民に訴えてきた。誰も指摘しないが、激減した生産人口と消費人口の回復のめどがたたなければ東日本大震災からの実のある復興計画は立てられない。移民開国で被災地の生産人口と消費人口を増やさなければ東日本大震災からの完全な復興は困難であると言わなければならない。

大震災から五年が過ぎたいま、改めて安倍晋三首相にお願いがある。安倍内閣が震災からの復興の決意のほどを国の内外に示すためにも移民国家宣言を行っていただきたい。

大震災の復興を旗印に日本が移民国家に生まれ変われば、移民人口の増と国内需要の伸びが期待できるから、持続可能な経済と財政の見通しが立つだろう。世界各国から被災地に駆けつける移民の活躍で被災地の再建が順調に進むであろう。

人口危機が深まるなかで千年に一回の天災に遭遇した日本は、移民立国への転換と農林漁業革命の同時達成に国の命運をかけるべきだ。世界から前途有望な若者を迎える移民政策を強力に推し進めるとともに、家族単位で営む不安定な農林業・水産業の経営形態を一新し、移民の受け皿となれる大規模経営体に改める。

平成の日本人が農林水産業の生き残りをかけた抜本的制度改革を行う気概がないのであれば、移民の受け入れは頓挫し、日本の第一次産業は人口の自然減の進行とともに滅亡への道を転がり落ちることになろう。

二〇一四年二月の衆議院予算委員会での安倍首相の「移民の受け入れに関する国民的議論」の呼びかけに応じ、全国の先頭を切って、人口崩壊と社会崩壊の危機が深まる被災地から移民を求める声を上げてほしい。いくら移民政策の導入に慎重な姿勢の政府も、被災地の人々の切実な声には耳を傾けるはずだ。

世界各国の人々から寄せられた支援に対する感謝の気持ちを決して忘れない被災地の人たちは海外からの移民を心から歓迎するにちがいない。被災地の日本人と助っ人としてやってきた移民とが心を一つにして震災復興に取り組む光景が目に浮かぶ。

家族・友人・知人が出て行った被災地の人たちは、さびれる一方のコミュニティの再生のために、日本永住にあこがれる移民の来日を切望している。

政府が移民立国を決断し、若手中心の新鮮な人材を被災地に送り込めば、被災地の社会と経済は元気を取り戻すであろう。

(3)東日本大震災の復興と技能実習制度

東日本大震災の復興を急ぐため、海外から多数の建設技術者を「移民」として受け入れる必要がある。現在、被災地では建設技術者の確保が大きな問題になっている。最大級のインフラ整備と住宅建設の完成には万単位の建設技術者が必要だ。しかし、大震災の前から公共事業の大幅削減で建設業の担い手の減少が続いており、国内で要員のすべてをまかなうのは不可能だ。加えて、東京五輪の開催で建設技術者の不足に拍車がかかる。

さらに加えて、現在の日本は、世界に例を見ない少子高齢化と人口減が進行中である。被災地はもとより全国各地で建設技術者の確保が難しい状況が長期間にわたって続くので、外国人材の活用に活路を見だすしかない。

その場合、被災地の住民と外国人が共生する社会をつくる見地からも、勤勉な外国人材を安定的に確保する観点からも、建設業に従事する外国人材を「建設移民」として処遇すべきだ。むろん、建設会社は建設移民を正社員で雇用し、日本人との同一労働・同一賃金を保障する。国は日本語教育や職業訓練など移民の定住支援に力を入れる。移民が希望すればできるだけ早く日本国籍を与える。

被災地の再建に外国人技能実習制度を使うのは反対である。国の内外から厳しい批判にさらされている日本版奴隷制度に基づき建設労働者を被災地に入れる重大な過ちを犯せば、国際社会からの批判が殺到するのは必至だ。

今こそ政府は、正しい外国人受け入れ制度の典型の「移民の受け入れ」を決断するときだ。「建設技術」の在留資格を新設し、原則として入国後五年で「永住」を許可する。

建設技術者を正当な待遇で受け入れれば、意気に感じた建設移民は被災地の再生に尽力してくれる。建設作業に真摯に取り組む移民の姿を見た日本人は彼らに感謝する。そのような理にかなった外国人の受け入れを実施すれば、日本人と外国人の関係は劇的に改善するであろう。

第12章 世界のメディアから勇気をもらった

(1)日本の救世主

私の立てた移民国家ビジョンを真っ先に評価し、世界に発信したのは外国人ジャーナリストたちだった。国内の知的世界で孤立した状況が続くなか、政策提言はまちがっていないと自信をもって移民政策の研究にまい進することができた。

逆境の時代、世界のメディアの評価がどれほど心の支えになったことか。正道を歩むよう背中を押してくれた。「救世主」「移民政策のエキスパート」「移民革命の先導者」「ミスターイミグレーション」の名で世界に紹介される光栄に浴し、これでもう前に進むしかないと思った。勇気を奮い起こし、移民革命で人口崩壊の脅威が迫る日本を救う覚悟を決めた。

一例を挙げる。二〇〇六年三月のジャパンタイムズに載った「The doomsday doctor」（救世主）という見出しの評論である。まず、その「救世主」という恐れ多い表題に驚いた。それを見て、日本存亡の危機を救う責任の重さに身の縮む思いがした。鋭い観察眼の持ち主が書いた示唆に富む論文から私の生きる道を悟った。その時、日本史上前例のない移民政策で空前の人口問題を解決することが私の使命であると思い立った。以後、わたしは日本の救世主という重い十字架を背負って生きていくことになる。

これを書いたのは英国の『ザ・インディペンデント』東京特派員のディビット・マックニールさん。日本語が堪能なイギリス人記者に、私が二〇〇五年三月に出版した入管時代の最後の著書――二〇〇〇万人の移民を理想的な形で受け入れた場合の「二〇五〇年のユートピア」を描いた『入管戦記』（講談社刊）を丹念に読んでおられた。冒頭、「坂中英徳は日本の人口危機を治癒しようとしているが、誰も注意を払おうとしない」と指摘し、続いて坂中の「移民五〇年間二〇〇〇万人」のユートピア社会を紹介した。

〈坂中は最近、少子高齢化による地域社会の崩壊の危機と、牢固とした低い出生率（二〇〇四年の出生率は一・二八に低下）に警鐘を鳴らし、官僚の殻を破って「五〇年間で二〇〇〇万人の移民受け入れ」を示唆した。

坂中は『入管戦記』という著書で、慎重に言葉を選び、かつユートピア物語と断っているが、「日本は多民族社会になり、アジア全域から移民をひきつける国にならなければならない」と初めて提案した人だ。〉

(2)ワシントン・ポストと移民政策のエキスパート

二〇〇八年一月七日のワシントン・ポストに「人口危機をロボットが救う?――生産労働人口が減少する日本は移民を拒み、テクノロジーに頼る」(Demographic Crisis, Robotic Cure?Rejecting Immigration Japan Turns to Technology as Workforce Shrinks)というタイトルの記事が掲載された。人口崩壊に向かって進む日本が選ぶのは日本人の好きなロボットであって苦手な外国人ではないだろうと、移民の受け入れに消極的な日本の姿勢を皮肉ったものだ。

ワシントン・ポストのブレイン・ハーデン東アジア総局長は、「日本政府は、高齢化社会を救うため、サービス用ロボットの開発に多額の補助金を出している。本来は移民の受け入れを検討すべきだが、これは厄介な問題だから避けているのだ。政治や企業のリーダーたちは、その場しのぎの弁解のためロボットを前面に出している」と指摘した。

私はワシントン・ポストのインタビューに応じ、移民一〇〇〇万人構想を語った。

〈ロボットは有用であるが、人口減少問題の根本的解決にならない。日本政府は、移民を受け入れ、教育し、支援するという、もっとまっとうなことに金を使ったほうがよい。

日本が経済大国の地位を維持しようというのであれば、ロボットではなく人間が必要である。それも今すぐ海外から人間を受け入れなければならない。これから五〇年間で少なくとも一〇〇〇万人の移民を受け入れる以外に、日本の合理的な選択肢はない。

政治家は移民問題に取り組もうとしない。票に結びつかないからだ。政治家こそ日本の未来について考えるべきであるのに。〉

五〇年間で一〇〇〇万人の移民を入れる私のアイディアについて、ワシントン・ポスト紙は「坂中英徳の提案を実現するのは難事業だ。もともと日本人は外国人が嫌いであるし、外国人人口の割合はたったの一・六％である。坂中構想は、現時点では、政治指導者たちの支持を得ていない」とコメントした。

その一年後の二〇〇九年一月二三日のワシントン・ポストの一面に、「失業した移民の就職支援を推進する日本――人口減少への危機感が新しい施策を生み出した」(Japan WorksHard to Help Immigrants Find Jobs：Population-Loss Fears Prompt New Stance) という見出しの記事が載った。これを書いたのは前年と同じブレイン・ハーデン氏。今回のワシントン・ポストは、リーマン・ショックに端を発した世界不況が深刻化するなか、日本政府が「定住外国人施策推進室」を設置して行っている移民政策は革命的と世界に発信した。

二〇〇八年のワシントン・ポストは「坂中提案は政治指導者の支持を得ていない」と書いたが、二〇〇九年のワシントン・ポストのリポートでは一変した。私のことを「移民政策のエキスパート」と紹介し、坂中移民政策論の要旨をはじめ、二〇〇八年六月に自民党議員連盟がまとめた「日本型移民政策の提言」や、在日ブラジル人家族の顔写真などを大きな紙面を割いて報道した。

ワシントン・ポストが日本の移民問題をこれだけ大きく報道するのは異例のことだと言っていい。私はブレイン・ハーデンさんのロングインタビューに応じ、次のように述べた。

〈失業した外国人が日本にとどまれるよう支援する政府の取り組みは「革命的」なものである。日本は長年、外国人の定住を拒んできた。仕事を失った外国人は母国に帰ってもらうというのが、日本政府がこれまでとってきた一般的な立場である。この新しい政策だけで日本が移民国家へ舵を切ったとまでは言えないが、将来日本の歴史を振り返るとき、これが移民国家への転換点だったことがわかるだろう。

日本政府の決定は、世界中の移民希望者に対する魅力的なメッセージになるだろう。仕事を求めて日本に来た移民は、深刻な不況の時でさえも、状況に配慮した適正な処遇が受けられるからだ。

日本はようやく日本語を話せない移民を受け入れる体制が整っていないことに気がついた。遅きに失したのは確かだが、政府が移民の受け入れ態勢の不備を直視するようになったことは意味がある。

世界で二番目に大きい日本経済を失墜させる深刻な人口危機をくいとめる方法は、大規模な移民の受け入れしかない。最近、そのような認識が日本の政治家や産業界のリーダーの間で広まっている〉

昨年夏、与党の自由民主党の約八〇人からなる政治家グループは、今後五〇年間で一〇〇〇万人の移民を受け入れる必要があると提言した。また、移民を「受け入れる」だけでなく、移民とその家族に日本語教育と職業訓練を行い、国籍取得を促す政策、つまり日本人を「養成」する移民政策を提言した。〉

以上のとおり、アメリカを代表するクォリティーペーパーが坂中英徳の人材育成型移民政策を破格の扱いで取り上げた。そのころ日本国内で四面楚歌の状態にあった私はワシントン・ポストから勇気をもらった。

最後にひとこと言っておきたい。ワシントン・ポストの一連の取材と報道を通して、アメリカは日本の移民開国を望んでいると受け止めた。ワシントン・ポスト紙も米国政府と同じ立場にたって、坂中英徳の移民国家構想を破格の扱いで紹介するのだと思った。

米国政府は、アジアで最も信頼する同盟国の日本が、人口危機に適切な手を打たず、国際社会における存在感を急速に失っていくのは、アメリカのアジア戦略上好ましくないと考えているのではないか。いやもっとポジティブに、日本がアメリカと国家理念を共有する移民国家の仲間入りをし、日米同盟の絆が深まることを望んでいるのではないか。以上のように私は理解した。

その後も米国の有力メディアの取材と報道が絶えないことから判断すると、二〇〇九年当時の私の見方は当を得たものであったと思っている。

(3)ウォール・ストリート・ジャーナルが日本革命論を支持した

二〇一一年六月一五日、ウォール・ストリート・ジャーナル(アジア版)のオピニオン欄に「移民政策が日本を元気にする」(An Immigration Stimulus for Japan)という表題の小論を発表した。そのなかで人口と移民と経済の関係について次のように述べた。

〈日本政府が人口崩壊をとめる根本的な対策を講じなければ、生産、消費、税収、財政、年金、社会保障、そして国民生活が、高齢化する日本人口と激減する若年人口という二つの抗しがたい圧力につぶされてしまい、日本は全面崩壊の危機に瀕する。

日本が崩壊をのがれる唯一の対応策は、国民が「移民」を歓迎することである。私は、人口崩壊の悪影響を最小限におさえるため、日本は五〇年間で一〇〇〇万人の移民を受け入れる必要があると主張している。

これだけの規模の移民を入れると、衣食住、教育、雇用、金融、観光、情報などの分野で新たな市場と需要が創出され、少なくとも移民人口分の経済成長が見込まれる。確固たる方針に基づき移民政策を推進すれば、海外の投資家の日本経済についての長期見通しも立つだろう。〉

すると翌週の六月二二日、ウォール・ストリート・ジャーナル（アジア版）の社説に「日本再興の新政策」（A New Plan for Japan）というタイトルの論説が載った。

〈まさに今、誰かが日本革命の道を示し、それを断行しなければ、日本全体が悲劇に見舞われる。日本人口の高齢化に伴い、日本政府の経費を支える国家財政が破綻する――過去に貯蓄に励んだ国民は国債の購入をやめ、代わりに年金生活のため貯蓄を取り崩す。

先週の本欄で坂中英徳が指摘したように、生産年齢人口の減少が革命的な移民政策を迫る新たな圧力になるだろう。外国人政策の改革も必要である。特に、出稼ぎ労働者ではなく、永住外国人を迎える移民政策への転換が不可欠だ。

政府が改革を先送りすればするほど、厳しい選択肢を避けることはいよいよ困難になる。日本は過去において明治維新であれ第二次世界大戦後の復興であれ、痛みを伴う変化を乗り越えて発展してきた。正しい見識を持つリーダーが現れ、正しい改革を行えば、日本はかつての栄光を取り戻すだろう。〉

東日本大震災が起きた直後の二〇一一年六月、私の論文とウォール・ストリート・ジャーナル紙の社説は、人口崩壊に伴って経済と財政の瓦解が始まる日本を救うのは革命的な移民政策であるとの認識で一致した。

⑷移民革命の先導者

二〇一二年一〇月二一日のジャパンタイムズに「移民が日本を救う」(Only immigrants can save Japan) という見出しの記事が載った。サブタイトルは「新しい日本文明は、世界の民族が成し得なかった多民族共同体を実現し、世界の文明の一つの極として屹立するだろう」(坂中英徳著『日本型移民国家への道』) である。結びは「革命家とは、いつか自分たちの時代がくるという強い信念を持って生きていく人たちなのだろう」である。

この記事を書いたマイケル・ホフマン氏は、在日歴三〇年余の知日家である。私の主要著書を読んだうえで、私のことを「移民革命の先導者」と名づけ、日本型移民国家ビジョンを世界に紹介した。

〈革命家の顔：元法務官僚、元東京入国管理局長の坂中英徳は、日本が崩壊寸前であることを危惧し、「二〇五〇年までに一〇〇〇万人の移民を入れなければならない」と述べる。

深刻な人口危機の時代に生きる日本人は、もはや日本人だけの世界に閉じこもって安穏に暮らすことはできないと肝に銘じるべきだ。日本には、移民と共に生きる世界を築き、「移民歓迎」の旗を掲げるしか生き延びる道はない。

人口減少期に入った日本は、明治維新（一八六八年に始まった近代化・西洋化の革命）に匹敵する大改革を迫られる。日本人の生き方、国民の民族的構成、社会経済制度などを根本から見直し、新しい国を建設しなければならない。日本の移民国家としての復活は、究極の日本改革であり、日本が直面しているあらゆる問題を解決する万能薬なのである。〉

これが日本を代表する英字紙に掲載されると、日本人が発想した移民革命論は世界の知識人に衝撃を与えたようだ。ジャパンタイムズによると、世界の読者から大きな反響があったということである。

その時、移民革命の先導者＝坂中英徳の名前が世界に広まったからには、私の責任で日本を移民国家に導かなければならないと心に決めた。

(5)全国紙とＮＨＫは移民政策で論陣を張る勇気はないのか

日本の移民政策は、世界の評価と日本の評価の落差が大きい。ワシントン・ポスト、ロイター通信など世界の有力メディアは日本型移民政策を高く評価している。それにたいして日本では論評の対象にすらならない。

私が取材に協力した世界のジャーナリストは、日本が直面する人口問題の重大性とその根本的解決策を理解し、坂中移民国家ビジョンを繰り返し報道する。他方、日本のジャーナリストに、人口問題の最有力の解決策である移民政策を報道することはない。

日本が取り組むべき最重要課題について「見ざる聞かざる言わざる」の姿勢に終始していると移民革命の先導者の目にうつる。世界のジャーナリストから「日本のジャーナリズムは死んだ」と批判されても弁解の余地がないだろう。

日本のメディアの世界で「社会の公器」という言葉は死語になったのか。ジャーナリスト魂のある記者はいないのか。

人口秩序の崩壊＝日本の崩壊が迫るとともに、インターネットの世界において移民や移民革命という言葉を使って移民政策論争が盛り上がっているというのに、全国紙やＮＨＫなどが移民政策でオピニオンリーダーの責任をはたす気概は見られない。

日本のジャーナリズム、移民受け入れ問題について、政府の顔色ばかりうかがう姿勢のままだと、移民国家への歴史的転換は、世論が決めるのではなく、一部の政治家と官僚が主導権を握る形で実現することになろう。

だが、わたしは、千年に一度の移民革命は大方の国民が支持する「国民革命」として成就することを願っている。民主主義の精神にのっとって多数の国民の合意に基づき移民国家へ移行するのが最も望ましいと考えている。しかし、メディアの協力が得られなければその希望もかなえられない。

日本の有力メディアにお願いがある。若者の間で移民賛成の声が急速に高まっている情勢を踏まえ、全国紙とＮＨＫは移民政策の推進で論陣を張り、日本の若者の新しい国づくりの夢がかなうようにしてもらいたい。

第13章　外国人政策史概論

(1) 序　論

わが国は、明治の開国から戦前まで、人口の過密、急速な近代化による農村の疲弊と過剰労働力の存在などの事情を背景に、大量の人口を移民として海外に送り出す政策をとる一方で、永住を目的とする移民と、移民に結びつく可能性のある外国人労働者の入国を厳しく制限してきた。

戦後においても、長年、永住目的の外国人（移民）と外国人労働者の入国を原則として認めない入管政策を堅持してきた。

移民については、「出入国管理及び難民認定法」（昭和二六年政令第三一九号。以下「入管法」と略称。）が上陸手続で「永住者」の在留資格を決定できる規定を設けていたが、入国管理局が入国に際し永住者の在留資格を与えることはなかった。外国人労働者については、一九六七年に「雇用対策基本計画」が策定されたときに、その計画の前提として「外国人労働者の受け入れは行わない」という雇用対策の基本方針が閣議で了解され、以後その方針が一九九〇年まで続く。

私は以下において、入管法に規定する「在留資格」の変遷を通して、外国人政策史の素描を試みる。入管法には、外国人が日本に入国して行う活動に着目し、日本が入国を認める外国人の活動類型として の在留資格を定めている。在留資格は、日本社会にとって好ましいと認める外国人の活動を法律で明示したもので、それに該当する活動に従事する外国人の入国が認められるという意味において日本の外国人政策を対外的に明らかにしたものである。

したがって、在留資格の改正の歴史をたどることによって、日本の入国管理政策（外国人受け入れ政策）の過去から現在までのおおよそのところが明らかになる。

幸いにも私は、一九八二年の入管法改正による在留資格の一部改正と、一九九〇年の入管法の改正による在留資格制度の全面改正について、実務責任者として立法にかかわった。特に、一九九〇年に制定された新しい在留資格制度は、在留資格に係る上陸許可基準を公表するなど透明度の高い外国人受け入れ制度であり、また外国人の受け入れ範囲も外国人の入国在留手続も当時の世界の最高水準をいくものであったと考えている。

(2)一九五一年の入管法制定時の外国人政策

入管法は、連合国軍の占領下の一九五一年一一月一日、「ポツダム宣言の受諾に伴い発する命令に関する件」に基づく政令として施行された。そして、一九五二年四月二八日、「ポツダム宣言の受諾に伴い発する命令に関する件に基く外務省関係諸命令の措置に関する法律」の規定により法律としての効力が付与され、今日に至っている。

入管法は、在日連合国軍総司令部（GHQ）が招聘した米国移民法の専門家がその立案に深く関与したことから、「米国移民及び国籍法」（一九五二年施行）の影響を強く受けている。

このことは、たとえば、次の点で顕著である。

①法務大臣（当時の米国は司法長官）が出入国管理の最高責任者である。

②外国人の入国及び在留管理の基本制度として米国と同じ在留資格制度を採用している。

③上陸拒否事由及び退去強制事由の大半がうり二つである。

④上陸手続及び退去強制手続における三審制の採用など行政処分を行う前の事前手続を詳細に規定している。

日本の外国人の受け入れ範囲を定めた在留資格も、米国政府の意向が反映されている。

米国が主導権を握る軍事占領が終了し、出入国管理の権限が日本国の手に戻れば、米国人も出入国管理の対象となることを念頭に入れて、米国人が日本に進出しあるいは残るために必要な在留資格を作ったという側面があったと推測される。

たとえば、当時の国際社会の状況下において米国人が主な入国対象者であったと考えられる「貿易家・事業家・投資家」「宗教家」「高度技術提供者」などの在留資格が設けられ、それらの在留資格に対応する在留期間（更新が可能）は最長の「三年」とされた。

その一方で、「日本人の子として出生した者」を対象とする在留資格が設けられていなかった。また、日本で出生した外国人、日本国籍を離脱して外国人となった者等の在留資格の取得手続も定められていなかった。以上の事情については、米国が出生地主義の国、国籍離脱を原則として認めない国であったことが関係していると考えられる。

このようにマッカーサー総司令部の置き土産という性格を持つ在留資格であったが、外国人を幅広く受け入れるもの、将来の国際国流の活発化に十分対応できるものになっており、一九五〇年代初頭の国際社会の水準からすると画期的な外国人受け入れ制度を定めたものといえる。

すなわち、投資経営活動の自由を保障し、外国から貿易家、事業経営者を受け入れる「貿易家・事業家・投資家」の在留資格、信教・布教の自由を保障し、外国の宗教団体から派遣される宣教師、牧師等を受け入れる「宗教家」の在留資格、報道の自由を保障し、外国の報道機関から派遣される新聞記者、報道カメラマンを受け入れる「報道員」の在留資格、外国から日本産業の復興に役立つ高度人材を受け入れる「高度技術提供者」および「熟練技能労働者」の在留資格が定められていた。また、社会経済情勢の変化に臨機に対応して外国人を受け入れるための「法務大臣が特に在留を認める者」の在留資格も用意されていた。

仮に、一九五一年の時点で日本政府が自主的に外国人受け入れ制度を立案したとすれば、これほど外国人に開かれた入管制度はできなかったであろう。

付言すると、「本邦で永住しようとする者」の在留資格が定められており、前述のとおり上陸手続において外国人が「永住者」の在留資格を取得する道が開かれていた。これは移民国家である米国の影響を受けた規定である。ただし、日本は移民受け入れ国でないことから、この手続を適用し、永住者の在留資格を決定して外国人の上陸を許可した例は皆無だった。

なお、この規定は、移民鎖国の国情に反すること及び運用実績がゼロであることを理由に、一九九〇年の入管法改正で削除された。

(3) 一九七〇年代の外国人政策

私は一九七五年の時点において、長期在留外国人（移民）の入国抑制という入国管理の基本政策について、日本の人口動向などを勘案して総合的に判断すると、今後も引き続きとるべき政策であると考えていた。その論拠は、以下のようなものであった。

〈日本人口は、将来的には安定化の方向にあり、静止人口の可能性があるとはいえ、それでもなお、二一世紀初頭までに三〇〇〇万人近くも増加すると推定されている。現在でも異常な高密度社会の日本において、この三〇〇〇万人の人口増の圧力は他の諸国とは比較にならない重大な意味を持つものであり、これによって過密状況がいっそう進み、日本社会全般に計り知れない悪影響が及ぶことは否定できないだろう。

一国の人口変動は出生、死亡及び移住の三つの要因によって生じるが、現在すでに超高密度国である我が国の人口が近い将来にわたって出生が死亡を上回る自然増加の傾向にあることがはっきりしている以上、日本の入国管理政策はこれからますます深刻の度を加える人口問題をこれ以上悪化させないという基本方針に沿ったものでなければならない。〉

一九〇七〇年代、外国人労働者の入国を厳しく規制する入国管理政策について、産業界の一部から国際化時代に逆行する鎖国主義的なものとの批判があった。日本に職を求めてやってきた不法入国者に対して退去強制手続がとられると、マスコミや雇用主から「入管は冷たい」「かわいそうなことをする」といった非難の声が寄せられることもあった。

しかし、そんな逆風が吹いても私の信念が揺るぐことはなかった。人口過密を理由に移民の入国を認めないとする入国管理政策を維持すべきと考えていた。

(4)一九八〇年代の外国人政策

一九八二年の入管法の改正で在留資格の拡充がはかられた。具体的には、非就労で短期滞在目的の外国人を幅広く受け入れるための「観光客」から「短期滞在者」の在留資格への改正と、国際技術協力の見地から外国人研修生を受け入れるための「研修生」の在留資格の新設が行われた。

それとともに、法務省令で定める在留資格であったが、日本人の家族を受け入れる「日本人の配偶者又は子」の在留資格が新たに設けられた。なお、ここでいう「日本人の子」は日本人の親が同伴し扶養する子に限られ、現行の入管法に定める「日本人の子として出生した者」とは異なる。

この時代の外国人政策で特筆すべきことがある。インドシナ定住難民の受け入れである。

一九七八年に南ベトナムのサイゴンが陥落したとき、ボートで逃れ、外国船舶に助けられて日本に来たベトナム人について、日本政府は当初、定住防止の観点から上陸を認めなかったが、そのうち一時滞在して米国など第三国向け出国することを条件に上陸を認めるようになった。

そして一九八〇年代に入り、主要先進国首脳会議（サミット）が開催されるたびに、日本も同じ西側陣営の一員として応分の責任をはたす立場から、米国、英国、フランスなどのサミット構成国と同一歩調をとって、ベトナム、ラオス、カンボジアから一定数の定住難民を受け入れることになった。最終的には、約一万一〇〇〇人のインドシナ難民を定住者として受け入れた。これは定住外国人を大量に受け入れた戦後初めてのケースである。

サミットでの合意という形の列強の圧力を受けて、明治の開国以来日本が頑強に守ってきた「移民拒否」の入管政策の一角がくずれた。このことの持つ歴史的な意義を強調しておく。

(5)一九九〇年の入管法改正のねらい

一九九〇年の改正入管法の施行を前に、『世界』(一九九〇年一月号)が「日本の外国人」という特集を組んだ。私は入管法改正の実務担当者の立場で、「入管法改正のねらい」に関するインタビューに応じた。

当時の入管行政が直面していた不法就労外国人問題、外国人研修生問題、中国人偽装難民事件などさまざまな外国人問題が取り上げられた。最後に、「入管法改正で問題は解決されるのか。日本とアジアの国々の経済格差という根本問題が変わらないかぎり、どのような法制度を用意しても人々はやってくると思うが」という趣旨の質問を受けた。それに対する私の回答は、二六年後の現在にも通用する提言になっていると思うので、以下にその要旨を掲げる。

〈これはまったく個人的な考えですが、日本がいつまでも経済成長を優先させる「成長社会」であり続けるのが、果たして適当なのかどうか。そろそろ成長のペースをダウンさせ、安定した「成熟社会」への転換を図ることを検討すべき時期に来ているのではないかと思っています。

外国人労働者の受け入れは将来の日本の経済社会のあり方と密接に関係します。つまり、日本が外国人労働力を導入してまで経済成長を続けていく社会をめざすのか、あるいは外国人労働者を必要としない程度の経済規模で落ち着く、静的な社会を目標とするのか、ということです。外国人労働者問題は、日本社会のあるべき姿との関連において論じられるべきだと思うのです。〉

一九八九年当時はバブル経済の時代であったが、人口減少社会の到来をにらんでの、経済成長優先の「成長社会」から安定した「成熟社会」への転換を主張している。また、外国人労働者の受け入れは日本の将来のあり方と関連させて議論すべきと指摘している。

『世界』での一連の発言の中に、その一五年後『入管戦記』（講談社、二〇〇五年）で提案する「移民国家ビジョン」につながる芽が出ている。この箇所を読まれた連合の幹部から「大胆な発言をされていますね」という激励の電話があったことを覚えている。

(6)一九九〇年の改正入管法が日系人の入国の扉を開いた

外国人の公正な出入国管理を目的とする入管法は、外国人が入国して行う活動内容に注目し、日本国が好ましいと認める外国人の活動類型、すなわち「在留資格」を定めている。要するに在留資格は、日本の外国人受け入れ方針を内外に示したものである。

一九八八年四月、私は法務省入国管理局の総括補佐官というポストにあったが、そんな私に、突然上司から、「入管法の在留資格は今の時代に合わない。外国人労働者問題に対応するため在留資格の全面的な見直し案を作るように」との特命が下った。

当時はバブル経済の全盛期で労働力不足が深刻だったため、外国人労働者の受け入れを求める矢のような催促が産業界から法務省入国管理局に向けられていた。

これを受けて、「単純労働者はまだしも、専門知識・技術を有する外国人に対しては門戸を開く」という基本方針が法務省内で固まったのだ。

私は在留資格に関する「腹案」を持っていた。一九七四年から検討を重ね、長年温めてきた「在留資格制度改革試案」が私の手元にあった。それを参考にし、日本の入国管理制度の根幹をなす在留資格制度の全面改正要綱案を短期間で書き上げることができた。

実を言うと、私は、入管の仕事を始めた一九七〇年代初めから、日本が受け入れる外国人のカテゴリーを定めた「在留資格」について素朴な疑問を持っていた。

役所に入ってまもない私は、日本政府が最優先に入国を認めるべき外国人は、日本人の子供であり、また日本人の配偶者であると思っていた。それは、国民の福利を守るという行政目的から導かれる自然な考えであった。

実際、英国など諸外国の入国管理法制を見てみても、自国民との間で、血縁関係や婚姻関係を有する外国人がもっとも優遇されていた。そのような考え方は、世界のどの国でも同じで、入管当局の共通認識だと思っていた。

ところが驚くべきことに、当時の入管法は、「日本人の子」と「日本人の配偶者」を正面から受け入れる仕組みになっていなかったのだ。

在日韓国・朝鮮人の子供には比較的安定した法的地位が認められていた。しかし、日系人の子供は法務大臣の裁量で入国が認められるにすぎない不安定な地位であった。

一九七〇年代の日本では、日本人と外国人との間に生まれた子は「法務大臣が特に在留を認める者」という特例で入国が認められる可能性はあったが、日本人女性と結婚した外国人の入国は認められなかった。その背景には、国際結婚をした日本人女性は、結婚相手の国へ行くべきだとの旧態依然とした考え方があった。

これはどう考えてもおかしい。その疑問が、私の法改正案の出発点の一つだった。

なによりも私が許せなかったのは、海外に移住し、日本に里帰りしようとする日系人に対する待遇の不備である。

入管法改正にあたって私は、「日本人移民の子孫たちに対して入管行政は何ができるのか」という信条を在留資格に反映させたいと考えていた。

私が原案作成において主導的な役割をはたした入管法の改正法は、一九八九年の国会で成立し、翌年六月から施行された。

改正入管法の施行により、私の悲願であった日本人の配偶者および日本人の子として出生した者を受け入れるための「日本人の配偶者等」の在留資格と、日系人の子孫（「日本人の実子」および「日本人の実子の実子」）など日本に居住する外国人を受け入れるための「定住者」の在留資格が新設された。

この法改正で日本人の血縁者と日本を祖国とする人たちの入国の扉が開かれた。

(7) 一九九〇年代の外国人政策

序論で述べたとおり、一九九〇年の入管法の改正で在留資格関係の規定が全面的に改められた。

改正前の在留資格は、一九五一年の入管法の制定以来、一九八二年に若干の手直しが行われたのみだったので、外国人の入国者数および在留形態が制定当時とは大きく変わった時代の要請に十分に対応できなくなっていた。

たとえば、日本社会の国際化が飛躍的に進み、入国する外国人が増加するとともに、その活動内容も多様化したが、在留資格に該当する活動として明示的に定められていない活動を行おうとする外国人の受け入れについては、そのつど個別に、「法務大臣が特に在留を認める者」という概括的な在留資格を付与して対応せざるを得なかった。

今後いっそう増えることが予想される専門知識・技術・技能を持つ外国人の入国について、法務大臣の自由裁量で在留資格を決定する仕組みでは、日本に入国できるかどうかが判然としないことから、外国人に不安感を抱かせるおそれがあった。

入管法の大黒柱の在留資格制度が以上のような深刻な問題状況にあったことに加え、専門職の外国人労働者の受け入れの拡大を求める世論の高まりなど外国人労働者問題への対応も迫られていた。

そこで、一九九〇年の入管法の改正により、人の国際交流の活発化に対応できる在留資格制度を確立するため、在留資格の種類と在留資格に該当する活動範囲の抜本的な見直しを行うとともに、在留資格をもって在留する外国人の行うことができる活動をより明確に定めることにした。結果、在留資格の数は従来の一六から二七に増え、入国を認める外国人の範囲も拡大した。日本は欧米諸国と比べても遜色がない「外国人に開かれた国」になった。

これまで「法務大臣が特に在留を認める者」の在留資格の弾力的運用で外国人の入国を認めてきた活動類型を中心に、「法律・会計業務」「医療」「研究」「教育」「人文知識・国際業務」「企業内転勤」「就学」「文化活動」などの在留資格を新たに設けたほか、「報道」「投資・経営」「技術」「留学」「興行」「技能」などの既存の在留資格についても、それぞれの在留資格に該当する活動範囲を広げ、外国人の受け入れ範囲の拡大を図った。

また、法律上の在留資格として、「日本人の配偶者」および「日本人の子として出生した者」を受け入れるための「日本人の配偶者等」の在留資格と、法務大臣が特別な理由を考慮して居住を認める外国人を受け入れるための「定住者」の在留資格を新設した。

特筆すべきことは定住者の在留資格の新設である。この在留資格には「日系人」や「インドシナ定住難民」など事実上の「移民」が該当する。これは将来の移民政策の展開につながる画期的な制度改革であった。これによって明治の開国以来面々と続いた「永住目的の外国人の入国は認めない」とする外国人政策に終止符が打たれた。一九九〇年の在留資格の全面改正は「移民国家への道」の一里塚と位置づけられる。

(8) 二〇〇〇年代の外国人政策

入管時代の著書『日本の外国人政策の構想』（日本加除出版、二〇〇一年）の中に「人口の激減にどう対応するか、真剣な国民的議論を」と題した小論が入っている。久しぶりに読み返してみて、二〇〇〇年当時の私の立場・見解を率直に語っていると思った。以下に全文を掲げる。私は二〇〇七年以後、「移民五〇年間一〇〇〇万人構想」を語ることになるが、この小論文から一五年前の私の問題意識と真意がどのあたりにあったのかを読み取っていただければ幸いである。

〈私は外国人の出入国管理を担当する立場から、人口減少社会に対応するための日本国の基本方針とそれに連動する外国人政策について、選択肢を提示することができるだけである。人口減少時代を生きる日本が「小さな日本」と「大きな日本」のどちらを選ぶのか、これは二一世紀の日本国の基本的な生き方と国家体制（民族的構成）を決めるものであるから、国民的議論を始めてほしいと願っている。

いずれの生き方を選択しても、国と国民は重い責任を背負って険しい道を歩まなければならない。

あえていえば、どちらの方がより現実的かという点では、「大きな日本」ではないかという気がする。これを選択する場合、外国人を大規模に受け入れるため、日本社会の外国人受入れ態勢を十分整備する必要がある。その上で、多民族の日本国民への統合を実現し、国民国家秩序を維持するという難題に立ち向かわなければならない。しかし、これまでの成長社会で形成された日本人の生き方と日本経済の体質の根本的な変革を迫られることはないであろう。現在の成長型の社会制度と産業構造の骨格に維持される可能性が高いと思われる。

ただし、たとえ外国人人口で補って人口減少問題を回避できたとしても、日本経済はいずれ環境問題、資源問題等の壁にぶつかり、成長が止まる状況に立ち至ることを覚悟しておく必要がある。

「小さな日本」は理想論に近いものというべきかもしれない。それを達成するには、日本人の価値観、日本の社会経済制度等を根底から見直す必要がある。たとえば、日本人の生き方・生活様式から社会制度・産業構造に至るすべてを、縮小していく社会にふさわしいもの、小さくなった枠組みに収まるものに改めなければならない。更に、国際人口移動が活発化する中で海外からの人口移動を阻止するため、日本は一種の人的鎖国政策をとらなければならないであろう。

しかし私は、こういう選択肢があるのだということを強調しておきたいと思う。二一世紀の世界においては人口爆発、食糧危機、資源の枯渇、環境破壊など人類全体の運命に関わる問題がますます深刻になると予想される中で、人口の減少を肯定し、「小さな社会」を作ろうとする日本の試みは、地球文明のあるべき姿を先取りする画期的な取り組みであると評価されるに違いない。〉

(9)在日韓国・朝鮮人の法的地位の変遷

一九五二年四月二八日の日本国との平和条約の発効により日本の国籍を離脱した者で、一九四五年九月二日以前から引き続き日本に在留しているもの及び一九四五年九月三日から一九五二年四月二八日までにその子として日本で出生し引き続き日本に在留しているものの法的地位については、日本国との平和条約の発効の日に施行された「ポツダム宣言の受諾に伴い発する命令に関する件に基く外務省関係諸命令の措置に関する法律」(昭和二七年法律第一二六号)第二条第六項の規定により、「別に法律で定めるところによりその者の在留資格及び在留期間が決定されるまでの間、引き続き在留資格を有することなく本邦に在留することができる」とされた。

その後、これら平和条約国籍離脱者及びその子孫の法的地位に関し、一九六六年に在日韓国人の一世及び二世を対象とする「日本国に居住する大韓民国国民の法的地位及び待遇に関する日本国と大韓民国との間の協定」(昭和四〇年条約第二八号。以下「日韓法的地位協定」という。)に基づく協定永住許可制度が、一九八二年に在日朝鮮人と台湾人を含めたすべての者を対象とする特例永住許可制度がそれぞれ設けられた。

しかし、これらの制度はいずれも、その時々の時代背景と国際政治情勢の下でとられた措置であって、平和条約国籍離脱者とその子孫を包括的に対象とし、同一の法的地位と待遇を与えるものではなかった。すなわち、協定永住許可制度は、韓国との国交の回復を契機として日本に居住する大韓民国国民に限って日韓法的地位協定に基づく永住を許可するものであり、かつ、在日韓国人の三世以下の法的地位については今後の協議対象としていた。特例永住許可制度は、平和条約国籍離脱者及びその子孫のうち協定永住許可の対象とならなかった者等に対し、日本に引き続き在留していることを条件として、申請に基づき法務大臣が入管法上の永住許可を与え、その法的地位の安定を図ることを目的とするものであった。

その結果、在日韓国・朝鮮人の法的地位は、外国人の地位で日本に居住するに至った歴史的事情はまったく同じであるにもかかわらず、協定永住者、いわゆる法一二六―二―六該当者、さらに入管法上の「永住者」「日本人の配偶者等」「永住者の配偶者等」もしくは「定住者」の在留資格を有する者というように種々に分かれていた。

「日本国との平和条約に基づき日本の国籍を離脱した者等の出入国管理に関する特例法」(平成三年法律第七一号。以下「出入国管理特例法」という。)は、その後の内外の諸情勢の変化並びに日韓法的地位協定に基づく日本国政府と大韓民国政府との協議結果を踏まえ、日本国との平和条約の発効により日本の国籍を離脱した者とその子孫の全体に対して「特別永住者」の資格を付与するとともに、特別永住者の退去強制、再入国許可の有効期間など出入国管理に関する特例を定めたものである。

この法律の制定により、長年の懸案であった平和条約国籍離脱者とその子孫の法的地位は特別永住者に一元化されるとともに、在留外国人の法的地位としては世界にも例のない安定した地位が保障されることとなった。

出入国管理特例法は、一九九一年四月二六日に成立し、五月一〇日に公布され、一一月一日に施行された。在日韓国・朝鮮人の法的地位問題の解決に尽力した私にとって、入管法が誕生した日から四〇年目にあたる、この「一九九一年一一月一日」は生涯忘れられない日となった。

(10) 二〇一〇年代――移民国家論の形成と発展

法務省仙台入国管理局に勤務していた一九九七年から、日本が一〇年以内に迎える人口減少社会の移民政策について真剣に検討する必要があると考えていた。人口動態と国のあり方と移民政策は密接に関連するからだ。

仙台、福岡、名古屋、東京の各入国管理局長時代、法務省で会議が開かれるたびに、人口減少時代の日本の生き方として、人口が減っても移民を入れない「美しい衰退への道」と、人口の減少分を移民の受け入れで補って「活力ある社会を維持する道」の二つの選択肢があると発言していた。

そのアイディアを理論的に発展させた政策提言が、二〇〇四年一月の『中央公論』（二〇〇四年二月号）に載った論文「外国人受け入れ政策は百年の計である――目指すべきは『小さな日本』か『大きな日本』か」である。しかし、この論文は一握りの研究者に注目されただけで国民からの反応はなかった。

それから一二年後の二〇一六年。一〇〇〇年以上も続いた移民鎖国時代が終焉を迎えようとしている。二〇〇九年に一般社団法人移民政策研究所（以下「JIPI」と略称）を設立し、『日本型移民国家の構想』（移民政策研究所、二〇〇九年）を皮切りに一連の著作を発表するとともに、二〇一三年四月からは、JIPIのホームページに移民政策関係の短文を連日投稿している。移民政策研究の成果を次々発表した効果が現れた。たとえば、インターネットの世界で移民国家をめぐる議論が活発化した。「移民」「移民政策」「移民革命」などの言葉を使って議論が盛り上がっている。最近では、移民の受け入れに賛成の若者が飛躍的に増えている。

二〇一五年に入り、英国BBC放送、オーストラリア公共放送、ロイター通信、ブルームバーグニュースなど海外メディアの取材が増えた。感覚が鋭い外国人記者は、日本の人口崩壊の脅威を正視し、移民政策の歴史的必然性を理解し、日本の移民開国への期待感を示す。

なお、保守を代表する雑誌『ＷｉＬＬ』（二〇一五年一月号）に「移民国家で世界の頂点をめざす」の表題の小論文を寄稿した。国民世論を喚起したいと思って書いた移民興国論である。

第14章 移民政策論文一筋の道

⑴坂中論文から四〇年

よわい年を重ねると人生を振り返ることが多くなる。七〇の年になると自分の歩んだ軌跡が客観的に見られる。これまで書いた政策論文においても世界観や行動美学を率直に語っている。行政官時代、私は自分の文章で自分の行うことを公約する形で責任と義務を果たしてきた。坂中流の言行一致の生き方である。以下の二つの章において坂中論文をはじめ幾つかの論文を参考にしながら波乱に富んだ職業人生をつづる。

坂中論文から四〇年の努力の結晶が二〇冊を超える著書である。その多くが国のあり方を根本的に問う政策論文である。移民政策の立案に命をかける日本人が、人口崩壊の危機にある日本を救う移民国家の理論をうちたてた。議論を呼ぶ論文を発表して各方面から激しい批判にさらされるなどいろいろなことがあったが、筆一本で移民国家の創造に挑戦する最高の生き方を選んだと思っている。

私の人生は「論文で始まって論文で終わる人生」と要約できる。それは移民政策思想の深化の歴史でもあった。二〇一六年三月、日本型移民国家の土台となる基礎理論が固まったので、人生を論文になぞらえれば、起承転結のなった人生といえる。

一九七五年に『今後の出入国管理行政のあり方について』という満塁ホームランのような坂中論文を書いたことで移民政策一路を行くことになった。一本の政策論文が一人の日本人の運命を決めた。それから四〇年を経た今日、坂中論文の究極の発展形態といえる日本型移民国家構想が、人口崩壊時代の日本の運命を決めることになった。

話は一九七五年二月に戻る。法務省入国管理局が、「今後の出入国管理行政のあり方について」という課題で職員から論文を募集した。この年、出入国管理行政発足二五周年を迎えることを記念して行われた行事の一つだった。

この論文募集に入省五年目の若輩の私も応募した。審査の結果、私の書いた論文が優秀作に選ばれた。記念論文の審査委員長を務めた竹村照雄氏（当時法務省入国管理局次長）の選評が私の手元にある。

〈第一部優秀作の坂中論文は、その視点において、その構想において、その論証において、まことに見事なものであり、「二五周年記念」とするに全くふさわしい内容というべきであった。審査員全員が一致してこれを優秀作に推したのである。出入国管理行政を世界史的な変化発展の中で位置づけ、外国人の人権保障への明確な意識と国益との調和をめざして将来を展望し、しかもいたずらに理想に走ることなく、絶えず足下現実の問題に即し、これに立ち返りつつ議論を進める態度は、その考察の基礎となっている資料の豊富さとともに、力強く迫るものがあった。〉

当時を振り返ると、私は運がよかったのだと思う。上司のなかに竹村照雄氏のように高い見識と鋭い問題意識を持つ人物がおられたのだ。坂中論文は最高の行政官に見いだされて無事誕生した。しかし、その後の歩みは、順風満帆というわけにはいかなかった。世間の激烈な荒波にもまれる波瀾万丈の未来が待っていた。

一九七七年に竹村氏のすすめで論文が公にされるや、在日韓国・朝鮮人問題を考えるうえでの古典的文献と評価される一方で、二〇年近く研究者や活動家の間で賛否両論の激論が闘わされることになった。

坂中論文で述べた私の考えは、執筆から四〇年がすぎたいまも、基本的に変わっていない。論文で提案した政策提言の大半は、一九八二年の入管法の抜本的改正など立法措置がとられ実現した。法務省を辞するときに退任挨拶で訪れた法務省の最高幹部から、「坂中さんの歴史は入管の歴史そのものだった」というねぎらいの言葉をいただいた。私の入管時代は、「問題提起」と「政策実現」の二つに代表される充実したものであった。役人冥利に尽きるといってもよいであろう。

坂中論文の著者の最後に残された課題が、世界最高水準の移民国家理論の完成と日本型移民国家の創建である。

坂中論文から現在までの四〇年。わたしは何を主たる目標にして生きてきたのだろうか。とりわけ一九九七年から二〇一六年までは、遠大な移民国家構想の理論体系の一部を構成する論文の創作に全力投球してきた。『日本の外国人政策の構想』(二〇〇一年)、『入管戦記』(二〇〇五年)、『日本型移民国家の構想』(二〇〇九年)、『日本型移民国家への道』(二〇一一年)、『人口崩壊と移民革命』(二〇一二年)など、移民国家の理想像を追い求めて多くの著作をものにした。そして坂中論文から四〇年後の二〇一六年の春。それらの論文を総合して移民国家の理論的枠組みが出来上がった。

これを要するに、坂中論文を大黒柱とし、それ以後に執筆した論文を支柱として、それらの論文を体系的にまとめたものが坂中移民国家論である。坂中論文が理論の根幹を成し、その他の主要論文が骨となり肉となり血となって、ここに日本型移民国家を支える理論体系が完成した。すなわち、私の全仕事を編集して成った移民国家論の決定版が、本書『日本型移民国家の創造』である。

老い先の短い私は、坂中論文と共にあった人生の幸せをかみしめている。幸運の星の下に生まれた坂中論文は天寿をまっとうし、いま劇的な一生を終えようとしている。いや、坂中英徳の肉体は消滅しても坂中論文は永遠の輝きを放っているかもしれない。

(2)移民時代と少子高齢化社会を予言した論文

以下は、坂中論文の「国際間の人口移動」の章の総論部分をまとめたものである。若い頃に書いた未熟な論文であるが、私の移民政策論の原点となった思い出の文章である。そこに超少子化・超高齢化社会に入った日本の移民政策を考えるヒントが含まれている。

たとえば、「先進国においては、豊かな社会が形成され、出生率と死亡率がともに低下し、少子高齢化社会を迎えている。そこでは、製造業、重化学工業等の基幹産業やサービス部門における労働力不足の問題が新たに生じている」と、四〇年後の日本の姿を的確にとらえている。また、人口稠密で労働力過剰の国から人口希薄で労働力不足の国への国際人口移動(移民)の必然性を強調している。

移民国家をめぐる議論が本格化する中、四〇年前の論文が、移民政策の本質に迫る研究者の参考になれば幸いである。

〈人類の歴史を振り返ると、生存のため、あるいはより良い生活環境を求めて人が新しい土地に移り住む、地球規模での人の移動と定住の歴史であったと見ることができる。今日、人類は多くの民族と国民に別れて世界各地に住んでいるが、これらの民族や国民はすべて、より適した生活条件の土地をめざして移住してきた移民と、その子孫によって形成されたものである。人類は今後も、生活の糧を得るため、あるいは快適な生活を求めて、国内のみならず国境を越えて活発に移動し続けることであろう。

国際間の人口移動(移民)についていえば、地球上に人口分布と経済発展の不均衡が存在する限り、人口稠密で労働力過剰の国から人口希薄で労働力不足の国への人の移動は絶えないであろう。地球上に富の偏在が存在する限り、貧しい国から豊かな国への人の移動は不可避であろう。

世界の現状を観察すると、開発途上国における人口爆発と社会経済開発の停滞、先進国における人口革命と経済発展という顕著なコントラストが見られる。開発途上国においては、人口激増と貧困の悪循環が生じている。一方、先進国においては、豊かな社会が形成され、出生率と死亡率がともに低下し、少子高齢化社会を迎えている。そこでは、製造業、重化学工業等の基幹産業やサービス部門における労働力不足の問題が新たに生じている。

他方、移民とその末裔である国民は、いったん地域共同社会（国民社会）を作り上げ、あるいは社会の構成員としての地位が認められると、自分たちの獲得した利益を守ることが第一義的な関心事となる。新たな移民の到来に対しては次第に閉鎖的な態度をとるようになり、ついには門を閉ざしてその移住を防止するに至る。このような入国管理体制は、それぞれの国民（現住者）のなわばり意識（移住希望者の国民共同体への加入を拒否する姿勢）を背景とした一種の縄張り体制と見ることができる。〉

(3)移民政策論序説

坂中英徳の移民国家構想はどのようにして形成されたのだろうか。その答えは一九七五年の論文、『今後の出入国管理行政のあり方について』にまでさかのぼる。移民政策の発想の原点は坂中論文にある。

一九七〇年代において国際人口移動の視点から入国管理政策を論じる日本人はいなかった。参考文献もなかった。当時、「入国管理の本質は国際間の人口移動の管理」と考えていたが、そのアイディアを理論づけるのにずいぶん悩んだことを覚えている。米国の生物学者が人類社会が直面する人口問題と南北問題にどう向き合うについて「救命艇の倫理」のたとえで説明しているのにヒントを得て、入国管理の本質に迫ろうとしたことを思い出す。

坂中論文で「国際間の人口移動」の章を立て、内外の人口動態と経済発展と国際人口移動、それらと出入国管理行政のあり方とは密接に関連するとの問題意識から、「我が国の出入国管理の基本政策」「開発途上国から先進国への人口移動」および「不法な国際間の人口移動」について考察した（前記(2)の「移民時代と少子高齢化社会を予言した論文」参照）。

国際人口移動に関する論考はいま読むと素朴な書生論にすぎないが、国際間の人口移動（移民）の核心に触れており、私の移民政策論のアイディアが生まれ出る源泉となった論文である。

一九七五年当時の私は、移民の入国を認めないとする日本の入国管理の基本方針について、人口動向などを勘案して総合的に判断すると、今後も引き続きとるべき政策であると考えていた。その理由は以下のようなものであった。

「一国の人口変動は出生、死亡及び移住の三つの要因によって生じるが、現在すでに超高密度国である我が国の人口が近い将来にわたって出生が死亡を上回る自然増加の傾向にあることがはっきりしている以上、日本の入国管理政策はこれからますます深刻の度を加える人口問題をこれ以上悪化させないという基本方針に沿ったものでなければならない」。

それから四〇年――。一転して日本は人口秩序の崩壊という一大危機に直面することになった。移民の入国を認めないとする前提条件がひっくり返った。

四〇年後の日本に求められる外国人政策は、人口激減による日本消滅に歯止めをかけるために必要な一千万人単位の移民を入れることである。

(4) 坂中英徳は転向したのか？

坂中論文の「我が国の出入国管理の基本政策」の章において、移民の入国を認めないとする政策にくみする立場から次のような見解を述べた。

〈最近におけるこの政策の実施状況を、我が国における国際間の人口移動の管理の視点からみておこう。国際間の人口移動について、外国人の入・出国者の差と日本人の出・帰国者の差との比較でみたのが表(一)である。外国人の日本移住者数と日本人の外国移住者数との比較でみたのが表(二)である。この二つの表から我々は、外国人移住者の入国と在留外国人の定着化(移民化)を極力制限する出入国管理政策がとられてきたことが有力な一因となって、我が国における国際間の人口移動は日本の総人口の変動に対してほとんど影響を与えない程度の僅かなものであったこと、及び海外で生活する日本人が日本で生活する外国人よりも若干多かったことの二点を確認できるであろう。
長期在留外国人（移民）を受け入れないという入国管理の基本政策は、国民生活を守るという出入国管理行政の基本理念を踏まえ、並びに、次のような我が国の置かれている現状及び将来における状況等を勘案して総合的に判断した場合、今後とも引き続きとるべき政策であると考えられる。〉
移民の入国抑制政策を今後もとるのが相当であると判断する根拠として、①我が国社会の人口収容力はすでに限界状況にあること、②安定経済成長下における雇用情勢は一段ときびしくなること、③日本社会には閉鎖的なところがなお根強く残っており、移民を入国させるべしという国民の声はほとんど聞かれないこと、④移民として外国人を受け入れることにより世界にも稀な単一民族による日本社会の構成が崩れ、比較的安定している我が国の社会秩序が損なわれるおそれがあることの四点をあげた。
以上の通り、行政官時代は移民規制の急先鋒であったが、退官後はその立場をひるがえし、人口秩序を正し、日本の存続をはかる立場から、「移民五〇年間一〇〇〇万人構想」を提案している。私の立場は移民鎖国から移民開国へと一八〇度転換したが、これは人口動態と移民政策の関係を重視する坂中論文の論理必然的な帰結であると考えている。私は民間人になった二〇〇五年四月、迷うことなく移民政策の旗手に転身した。「坂中英徳は転向した」という批判は甘んじて受ける。

⑸入管法コメンタールと移民革命論

坂中英徳の移民革命理論が形成された精神土壌に関心を持つ向きもあるかもしれない。自問自答になるが、日本の外国人政策の基本方針を定めた「出入国管理及び難民認定法」のコメンタールを執筆し、法律の限界と課題を含む、入管法全体を熟知していることが、それと多少の関係があるのではないかと考えている。

入管法の徹底的研究から移民革命思想が生まれたのではないか。そこから入管法ではカバーできない「移民法」や「人類共同体」の発想が出てきたのだと思う。それが唯一の理由というわけではないだろうが。

一九九四年の初版以来、コメンタールの世界では異例の「序論」の章を立て、人口の国際移動の背景にある人口問題と入国管理政策の関係などについて考察してきた。何故、入管法の逐条解説の序論で入国管理政策のあり方を論じたのか。それは、私の「さが」だとしかいいようがない。

外国人政策一本槍の役人の道を歩んできたので、現行法の解釈よりも立法（入管法の改正、新法の制定）など政策方面への関心が強かったということである。コメンタールを書きながらも、頭のなかでは法律の問題点や法改正の必要性など外国人政策のあり方についていろいろ考えていた。

序論は時代の変化に対応し変化発展していく。日本が二〇〇五年をピークに人口減少期に入ると、移民政策について本格的に研究を始めた。

改定第三版（二〇〇七年）において「人口減少社会の日本の外国人政策」の表題の項目を設け、その冒頭部分で次のような問題提起を行った。

〈一国の人口の推移は、人の「出生」「死亡」「国際移動」の三つの要因によって決まる。出生者数が死亡者数を大幅に下回る「人口の激減」が進む国においては、国際間の人口移動を管理する「出入国管理」の果たす役割がひときわ重要になる。外国人の受け入れのあり方いかんによって、人口動態と社会形態が左右される。人口減少社会への対応の切り札として、外国人受け入れ政策が浮上することは確実である。〉

そして結論部分で移民国家へのシナリオを描いた。

〈まず内閣が、「多民族共生社会」の実現を国の基本方針とすることを決める。そして、世界から多士済々が移住したいと憧れる「移民国家ニッポン」をめざし、民族や文化の異なる人を正当に評価する社会へと、日本社会の体質改善を国民に呼びかける。同時に、移民受入れ政策の立案、多民族の国民統合などを担当する「移民庁」を設置する。家庭、学校、職場、地域社会においては、外国人との共生運動を展開し、外国人と交わり切磋琢磨することで新たな可能性を発見し、活路を見出そうと考える日本人が増える社会環境を整える。〉

二〇一二年の改定第四版ではその序論が消えた。なぜか。二〇〇五年以降、体系的な移民政策理論の構築につとめ、その研究成果の著作『日本型移民国家への道』（東信堂、二〇一一年）と『人口崩壊と移民革命』（日本加除出版、二〇一二年）を発表した。この二つの著作の刊行をもって日本型移民国家の理論的研究に一応の区切りがついたからである。

(6)坂中論文の一卵性双生児――在日朝鮮人と移民

坂中論文と呼ばれる『今後の出入国管理行政のあり方について』の中の「在日朝鮮人の処遇」という表題の論文において在日朝鮮人の将来像を展望した。

「在日朝鮮人は、今日、法律上は「外国人」であるが事実上は「準日本人」ともいうべき存在になっている。将来は、日本化がさらに進み、「朝鮮系日本人（日本国民）」ともいうべき存在となっていくのではなかろうか」。続いて、朝鮮系日本人論の立場から、在日朝鮮人政策論を展開した。

〈もとより、帰化の問題は、日本国民になろうという意思が在日朝鮮人になければどうしようもないものであり、国家が押しつけるといった性質のものではない。日本政府としてできることは、在日朝鮮人が日本国民となるのはその実体と将来の動向に適合するものであるとの基本的認識の下に、すすんで日本国籍を選択したいという気持ちが在日朝鮮人の間に自然と盛り上がってくるような社会環境づくりに努めることであろう。この意味で何よりも必要なことは、教育の機会と職業選択の自由とを広く在日朝鮮人に認めることであり、この「開かれた日本社会」の実現をめざし、まず政府が率先して在日朝鮮人に公務員及び公共企業体職員への門戸を開放し、さらに、国民世論を喚起し、民間企業等の理解と協力を求めることであろう。

日本社会が在日朝鮮人に教育と就職の機会均等を保障し自由競争の場を提供するようになれば、在日朝鮮人は日本社会で生きる希望を見出すであろうし、在日朝鮮人の中からその「能力」や「職業」によって高い社会的評価を受ける者が進出してくるであろう。そうなれば、日本人の朝鮮人観もおのずから変化していくであろうし、日本への帰化を積極的に肯定する方向でのコンセンサスが在日朝鮮人社会に形成されていくであろう。〉

坂中論文の中でとりわけこの部分に批判が集中した。朝鮮総連、民団などあまたの民族団体、朝鮮人活動家、大学教授、いわゆる進歩的文化人らから袋だたきにあった。「同化政策のいっそうの推進を打ち出したもの」「朝鮮民主主義人民共和国への帰国の道を閉ざすもの」というのが批判文の決まり文句だった。

最近このくだりを再読し、引用文中「在日朝鮮人」とあるのを「移民」と置き換えれば、移民時代にも十分通用する政策論を展開していると思った。「在日朝鮮人の処遇」の章は発表から二〇年ほど強烈な批判の嵐に見舞われたが、いま読んでも色あせていない。この章は坂中論文中の白眉といえるのではないか。

話は昭和の坂中論文から平成の坂中構想世に移る。問題は、いま正念場を迎えた坂中移民国家構想がどういう運命をたどるかである。坂中論文の斬新な発想で難問を解決する手法は、人口危機が迫る平成時代の坂中構想にも適用できるのではないかと考えている。

スケールは違うが、タブーとされる問題に挑戦し、根本的な問題解決策を提案している点では共通する。また、在日朝鮮人と移民は坂中論文が産みの親の一卵性双生児といえないこともない。在日朝鮮人問題と取り組んだ経験のなかに移民国家をつくるヒントが含まれているかもしれない。判断に迷ったときには坂中論文の初心に立ち返り、しかるべく対処する考えである。

(7)世界のモデルとなる移民国家像の創作をめざして

二〇〇五年の『入管戦記』（講談社）の第一〇章（「小さな日本」と「大きな日本」）において、「日本が世界のモデル国となる」と題し、次のように述べた。

〈人口の激減が国家・社会全般に計りしれない影響を与えることは間違いない。人口が増加から減少へ転換する二〇〇〇年代初期の日本は、明治維新、第二次世界大戦後の大変革に匹敵する根本的な制度改革を迫られる。人口減少時代の到来を契機として、日本人の生き方、日本国の民族的構成、社会経済制度などを根本から見直し、「新しい日本」に生まれ変わらなければならない。〉

〈人口減少問題はヨーロッパの一部の国ですでに経験しているところであるが、日本ほど事態が急激に進み、問題の深刻な国は世界に例を見ない。この問題を考えるに当たっては、モデルとなるような国は存在しないといわなければならない。したがって、日本が世界の先頭を切って、人口減少時代の国のあるべき姿を検討し、その未来像を示さなければならない。日本国の決める人口減少社会への対応策が、未来の世界によい先例を開くものであってほしいと願うものである。〉

いま改めてこのくだりを読み返してみて、これは役人生活をおえて新しい人生を歩むにあたっての決意表明の文章であると思った。私は問題提起を行った責任をはたすため、二〇〇五年八月、世界のモデルとなる移民国家像の創作をめざして外国人政策研究所（現在の移民政策研究所の前身）を設立した。そこに立てこもり、専門分野の入管政策を根本的に見直す作業を進め、一〇年の歳月をかけて日本型移民国家の理論体系を完成させた。

なお、人口増加時代につくられた政治・社会・経済・財政・社会保障などの各制度についての見直し作業は行われていない。人口崩壊の脅威が国家・社会全般に計り知れない影響を与えることは誰の目にも明らかになったにもかかわらず、勃興期の明治から平成のアベノミクスまで続く経済成長至上主義の日本のままである。

国家制度の抜本的改革に今すぐ着手しなければ、一〇〇〇万人の移民を入れても、若年人口の激減によって三〇〇〇万人の人口減は不可避である以上、生産・消費・税収・財政・年金・社会保障・安全保障・教育・国民生活のすべてが立ち行かなくなると、私は関係当局に対して警鐘を鳴らし続ける。

(8) 論文で始まって論文で終わる人生

法務省入国管理局時代と移民政策研究所時代を回想し、論文の執筆に没頭した人生であったことを改めて思い知った。

移民政策関係の著書は二〇冊に及ぶ。切れ目なく移民政策論文を書き続けた。それらの大半は論評の対象にすらならなかったが、不毛の土壌で育った雑草のように踏みつけられてたくましく成長した。なかでも移民政策研究の集大成といえるのが、本書『日本型移民国家の創造』である。

私の人生はつまるところ、一九七五年の『坂中論文』に始まり、二〇一六年の『日本型移民国家の創造』で終わる、移民政策研究一筋の「論文人生」であった。

この四〇年間、移民政策の理論的研究と理論の実践の分野で私の独壇場の時代が続いている。移民国家の議論が本格化し、あたらしい国づくりに多数の移民政策の専門家が束になって取り組まなければならない日本にとって移民政策のプロが一人しかいないのは異常事態である。

どうしてこういうことになったのか。最近まで政治家・行政官・学者の世界で国家政策としての移民政策には言及しないという不文律が成立していた。当然ながら、危険を冒して移民政策の立案に取り組む官僚や研究者などは出てこない。その結果、移民政策の専門家が不在の今日の事態を招いたと考えている。

移民政策のエキスパートの育成は待ったなしだが、移民政策の教授役はお断りである。これ以上新しい仕事に手をつけることはしない。私の書いた論文を参考書にして独学で移民政策の専門知識を身につけてほしい。

老兵にオールマイティーの活躍を期待されても困る。四〇年の移民政策研究の蓄積をすべて出し切って書いた本書の発刊をもって論文人生に終止符を打つ。私は移民政策関係の論文を公にするだけでなく、理論の実践にまで手を広げている。できるだけ早く移民立国の道筋をつけて第一線から身を引きたい。

願わくは最期のいっときは、政策論文を書くことからも政策の実現につとめることからも解放された人生を味わってみたい。「文は人なり」という言葉があるが、雄渾な筆致で論文を書くことが趣味の域に達して死を迎えれば文人の本懐である。

(9)坂中構想を移民政策の世界的権威が評価した

私は世界経済フォーラム主催の「移民に関する世界有識者会議」(二〇一〇年一一月二九日から一二月一日、於アラブ首長国連邦のドバイ)に参加した。この会議には、国連難民高等弁務官事務所、ヨーロッパ委員会および世界銀行の移民・難民担当の責任者を含む、長年移民政策の立案と実行にかかわってきた世界の有識者一二名が集まった。

会議の目的は、リーマン・ショック以後における各国の移民政策は行き詰っているとの共通認識のもと、二〇年後の世界を見据えた新しい移民政策の理論的枠組みを構築しようというものであった。

私は同会議において英語の小論文『坂中英徳の日本型移民国家宣言』を提示し、世界の移民政策の権威に批判と助言を仰いだ。具体的には、①日本が移民国家になることについての見解、②日本が移民政策を立案するに当たって参考とすべき点、③坂中英徳の日本型移民国家構想に対する見解について意見を求めた。

すると、移民政策理論の世界的リーダーで同会議の議長を務めたデメトリーG・パパデメテリゥ氏から、望外のコメントが寄せられた（二〇一〇年一二月一〇日付けのメール）。

〈あなたの論文は、私がこれまで読んだ移民政策分野のどの論文よりも新鮮で創造性が豊かなものです。なぜなら、移民受け入れと社会統合という両立しがたい難問を解決しようとしているからです。提案の「言語教育、職業訓練、文化教育を行って、移民を日本に迎える」という戦略は、人口統計学的なメリットとともに、若い移民に焦点を当てている点がすばらしい。また、移民に対する永住権（究極は市民権）の付与を強調されているが、それは「日本は外国人を受け入れる責任と準備ができている」ことを移民に理解してもらうための最善の方法です。〉

移民政策の世界的権威がその創造性を評価した坂中ビジョンの着想の原点はどこにあるのか。世界の知識人が驚いた地球規模での人類共同体の創造のアイディアはどうして生まれたのか。

概して言えば、欧米の移民政策の研究者たちは、実務家の立場から、当面する移民関連の問題について論じる。それに対してわたしは、文明論的発想と世界的視点から、人口崩壊の危機が迫る日本の起死回生策としての移民政策を提案している。おそらく国を思う志の高さと幅広い教養がそれと関係があるのではないか。

(10) 坂中英徳はミステリアスな存在？

欧米の知識人にとって坂中英徳は「ミステリアスな存在」に映るようだ。閉鎖的な日本社会から世界的なスケールで発想する日本人が現れたことを不可解に思っているようだ。人類共同体社会＝地球共同体社会の創造という世界平和構想を提唱しているが、わたし自身はアニミズムの世界観を持つ縄文人の末裔だと思っている。移民政策一路の生き方を貫いた不器用な日本人である。ただ、今後、海外の知識人の主たる関心が、坂中移民政策論から「坂中英徳とは何者か」に移るかもしれない。

二〇一五年の夏、安倍ジャーナリスト・フェローの米国人フリーランスライターが日本の移民政策の動向に関する取材で訪ねてきた。ジェシカ・ワイスバーグ氏は二時間の討論の終わりに、英語論文『Japan as a Nation for Immigrants』を読んで感動したと述べて、「坂中さんのようなスケールの大きい人物が日本に存在するのは不思議」「文明論的視点から遠大な移民国家論を展開しているが、このような論文を書いた秘訣は」「坂中さんが最も影響を受けた学者は」など、日本の移民革命を先導する坂中英徳という人間に関する質問を連発してきた。そういうことについてはあまり考えたことがなかったので答に窮したが、とっさの思いつきで、以下のように答えてその場を切り抜けた。

〈私は『今後の出入国管理行政のあり方について』『入管戦記』『新版日本型移民国家への道』などの著書で世界観や行動美学を披露している。たとえば、タブーへの挑戦と有言実行を信条とするアンタッチャブルな官僚の軌跡を語っている。移民政策を論じた主要著書を読んでいただければ、日本的思考と日本人の美意識の持ち主であることをわかってもらえると思う。

私は日本人の中で特異な人種に属するが、多くの通り名をいただいた。「反骨の官僚」「ミスター入管」「救世主」「移民革命の先導者」「ミスターイミグレーション」「移民政策のオピニオンリーダー」などの通称をつけられた。これらの呼び名は専門家による坂中評価の表れといえないこともない。これらのニックネームから坂中英徳がどういう人間なのかを知るヒントが得られるかもしれない。〉

以上の説明でアメリカ人記者は坂中英徳のひととなりをある程度つかんだ様子だった。ちなみに、影響を受けた学者として、ダーウィン、マックス・ウェーバー、ケインズ、レヴィ＝ストロース、梅棹忠夫の名前を挙げた。

京都の美をこよなく愛する彼女は、謹呈した『入管戦記』と『新版日本型移民国家への道』をがんばって読みますと言っていた。西洋人が日本の精神文化の申し子である革命家をどのように描くのか興味がある。

第15章　人生意気に感ず

(1)左遷の人生もまた楽しからずや

一九九五年の春、法務省入国管理局入国在留課長として、それまでアンタッチャブルとされてきた興行入国者問題にメスを入れた。私は陣頭指揮をとって、一九九五年五月から翌九六年三月まで、興行入国者の「出演先」であるバー、キャバレーなどへの実態調査を全国規模で実施した。

その結果、調査した四四四件のうち、実に九三％にのぼる四一二件で資格外活動等の不法行為が確認された。その調査結果を受けて、興行の資格による入国者の規制を強化した。

この規制措置に対して、芸能人の招聘者であるプロダクションや、ホステスとして使っていたバーやキャバレーなどの飲食店の経営者が猛烈に反発した。

業界の意を受けた政治家まで登場し、「君はいったい何をやっているのだ。お前みたいな頑固者の役人がいるから業界が迷惑するんだ。君は転勤したほうがいい」と圧力をかけてきた。私は政界の実力者のごり押しに屈しなかった。

結果、一九九七年四月の人事異動で仙台入国管理局長の辞令を受けた。以後、二度と法務本省で勤務することはなかった。

福岡入国管理局長、名古屋入国管理局長、東京入国管理局長のポストを歴任し、二〇〇五年三月、法務省を退職した。

八年間の地方局長時代、私は何をしていたのか。暇をもてあましていたわけではない。実は、ルーチンワークをこなすかたわら、執筆活動に精を出していた。その成果物が、次の六冊の本である。

①『出入国管理及び難民認定法逐条解説新版』（共著、日本加除出版、一九九七年）
②『在日韓国・朝鮮人政策論の展開』（日本加除出版、一九九九年）
③『出入国管理及び難民認定法逐条解説全訂版）』（共著、日本加除出版、二〇〇〇年）
④『日本の外国人政策の構想』（日本加除出版、二〇〇一年）
⑤『外国人に夢を与える社会を作る』（日本僑報社、二〇〇四年）
⑥『入管戦記』（講談社、二〇〇五年）

もう一つ、執筆以外に集中的に取り組んだことがある。一九九七年の夏からは、一〇年以内に訪れる人口減少社会の移民政策のあり方について思索にふけった。そのときに浮かんだアイディアを膨らませた論文が、前記『入管戦記』の第一〇章（「『小さな日本』と『大きな日本』」）である。仙台入管時代に移民政策の発想の芽が出て、福岡入管時代、名古屋入管時代にそれが成長し、東京入管時代に移民国家理論の原型ができ上がった。

私の左遷時代は実り豊かなものだった。いま思うと、その一九年後の移民政策理論の完成につながる雌伏期間であった。頑固一徹で正義感が強いところがある私はたびたび左遷を経験したが、逆境の入管生活で鍛えられて強靭な精神が形成されたのかもしれない。

坂中論文を書いた人間の業なのだろう。自然の成り行きで、千年以上続く移民鎖国体制と死闘を演ずることになった。孤立状態が続くなかで猛烈な非難と罵倒の連続に見舞われたが、それにもめげず移民国家を理論面で支える日本型移民国家大綱の完成を見た。これは奇跡以外の何物でもない。それと、精根を酷使し続けて七〇まで命をつなぐことができたのも奇跡だ。心身共に丈夫な子に産んでくれた親に感謝する。九三になる母は健在である。

艱難辛苦が絶えなかったので、二度と再び同じ人生をと頼まれても願い下げである。だが、自分の歩んだ人生に点数をつければ、移民政策の立案に一心で打ち込み、移民反対一色のところから移民賛成が五一％のところまで国民の心を動かした百点満点の人生であったといえる。

⑵テロリストは一人も入れてはならない

入国管理局の役人時代、私は不法外国人や外国人を食い物にするブローカーから「鬼より怖い官僚」という通り名で呼ばれていたという話だ。異論はない。公正な出入国管理を行うことを定めた『出入国管理及び難民認定法』に基づき、不法入国者や不法滞在者に対して厳正な処分を行ったのは事実である。

そんな入国管理一辺倒の人間がいきなり一〇〇〇万人の移民の受け入れをと言い出したのだから驚かれた人もいると思う。一方で、出入国管理秩序を守るため厳格な入国管理につとめた元入管職員の政策提言ということで、政府部内において信頼できる移民政策だと真剣に受け止められた面もあるようだ。

「ミスターイミグレーションと呼ばれる元法務官僚の政策提言だから信用できる」「なるほど日本人が消えてゆく日本は移民に頼るしかない。説得力がある」といった感想が寄せられている。

さて、間近に迫る大量移民時代の日本は、移民受け入れ計画に基づき正面から入る移民を歓迎する一方で、テロリストや犯罪者など裏門から潜り込もうとする外国人を徹底的に取り締まる必要がある。特に、世界各地で頻発するテロから国民の命を守るため、テロリストの入国を断固阻止しなければならない。

その場合、入管をはじめ政府関係機関はテロリストは一人も入れない万全の入国管理体制をとるとともに、テロの問題と移民の問題は別個の問題であることを正しく理解し、日本の全面的崩壊を免れるため不退転の決意で移民政策を推進してもらいたい。

ここで、一九八〇年代後半から一九九〇年代前半にかけて、不法入国を企てる中国人から「鬼の坂中」と恐れられた入管ＯＢがぜひ言っておきたいことがある。巨大人口を背景に余剰人口を押し出してくる共産主義国家中国の存在である。自由も民主主義もない中国は反日教育に力を入れており、反日思想にこりかたまった中国人も多い。この問題は日本が最も警戒を要する安全保障問題である。古巣の入管が、不法移民の出入国管理は安全保障の不可欠な一部であると深く認識し、中国人の不法移民問題に厳格な態度で臨むようお願いする。このことの持つ重大性はいくら強調しても、し過ぎることはない。

くわえて非常時に際しては、四囲を海で囲まれた島国という出入国管理上の強みを生かし、かつ国の安全保障にかかわる問題として日本政府の総力を結集し、中国からの大量不法移民を水際で阻止すべきだ。一人の上陸も許してはならない。

出入国管理がテロリスト問題、中国人不法移民問題に十分機能しなければ、移民政策に対する国民の理解も協力も得られない。もし日本人の外国人像がテロや犯罪といった負の要素と結びつけば、移民の受け入れは頓挫してしまう。日本人と外国人が共生する社会も実現しない。国民の外国人イメージを悪化させないためにも、不法外国人の入国・在留を許してはならない。

出入国管理の関係部署がよく職責をはたし、移民教育を重視する人材育成型移民政策が順調に進めば、「いい外国人が大多数で問題のある外国人が少しいる」のあたりで国民の外国人観は落ち着くであろう。その線までいけば、「世界中から多彩な人材が千客万来する移民国家ジャパンは活気あふれる社会」という国民合意が成立するであろう。

(3)移民政策研究所所長の一〇年

私は二〇〇五年八月、日本が人口減少時代に入ると、移民の受け入れが喫緊の課題になると考え、人口減少社会における移民政策に関する提言作りをめざし、民間活動団体「外国人政策研究所」を創設した。さらに二〇〇九年四月、その組織体制を拡充した「一般社団法人移民政策研究所」を設立した。

移民政策研究所（Japan Immigration Policy Institute）は、移民に対する不当な差別または偏見の防止および根絶を図り、もって日本型多民族共生社会を創ることを目的として結成された一般社団法人である。

移民政策研究所所長の一〇年を振り返ると、移民国家構想が国民からも知的世界からも完全に無視される時代が続き、日本の未来を決めるような重い責任を一人で背負い切れるのかと悩み苦しみ、なにもかもほうり投げたい気持ちにかられる時があった。一方で、人口崩壊の脅威にさらされている祖国を救うために移民国家の旗を降ろすわけにいかないと使命感に燃える時があった。そんな心の葛藤の日々が続いた。

ところが二〇一三年の春、突如として心境の変化が起きた。歴史的な仕事にめぐり合った天運に従い、世界のモデルとなる移民国家像を創作することが私の使命であると自分の運命を悟った。

現在は、移民国家の設計者の天職を授かった運命を受け入れ、日本の精神文化にかなった移民国家像の創作に挑んでいる。以下は、この一〇年間に発行した移民政策関係の著作一覧である。

①『移民国家ニッポン——一〇〇〇万人の移民が日本を救う』(共著、日本加除出版、二〇〇七年)
②『日本型移民国家の構想』(移民政策研究所、初版二〇〇九年六月、増補版同年九月)
③『Towards a Japanese-style Immigration Nation』(移民政策研究所、二〇〇九年)
④『日本型移民国家の理念』(移民政策研究所、二〇一〇年)
⑤『日本型移民国家への道』(東信堂、初版二〇一一年、増補版二〇一三年、新版二〇一四年)
⑥『人口崩壊と移民革命——坂中英徳の移民国家宣言』(日本加除出版、二〇一二年)
⑦『Japan as a Nation for Immigrants』(移民政策研究所、二〇一五年)

人口激減時代の生産者人口と消費者人口を補うため、いったいどのくらいの移民を受け入れる必要があるのか。移民にどんな産業分野・職種に就いてもらうべきか。どのような仕組みで移民を受け入れるべきか。どの国からどのくらいの数の移民を入れるのが適当か。政府は移民をどのように処遇する必要があるのか。日本人と移民が一つの国民としてまとまる社会をどうすればつくれるのか。

以上のような具体的な問題意識をもって思索を進め、前記一〇冊の本を世に送り出した。一〇年の足跡を振り返ると、著作物が論評の対象にすらならず、移民問題が国民の口にのぼらず、総じて泣かず飛ばずの日々であった。砂漠に水をまいているような無力感に襲われる日が続いた。

しかし、二〇一五年に入って、業績の一端が一般に知られるようになった。『新版日本型移民国家への道』(二〇一四年刊)を読んだ政界・官界・経済界の有力者から「移民政策を推進すべし」との声があがった。移民政策論文を書き続けた努力が報われる日は近いと感じる。

(4)移民政策研究一途の老書生

作家、学者、ジャーナリストなど文章を書くことをなりわいとする人は多数いる。彼らはプロの文筆家だ。私は多くの論文、著書を発表したが、元来はアマチュアの執筆者である。文章を書く修行などはしていない。政策立案の必要に迫られ、頭に浮かんだことを明快に表現することだけを心がけ、我流で文章を書いてきた。

入管時代、本業に専念しながら、ひまを盗んで、本来の職務の延長線上の仕事として外国人政策を考えるのを常とした。

深夜の時間帯に、『今後の出入国管理行政のあり方について』(一九七五年)を皮切りに、『在日韓国・朝鮮人政策論の展開』(一九九九年)、『日本の外国人政策の構想』(二〇〇一年)、『入管戦記』(二〇〇五年)など、外国人行政に関係する政策論文を書き続けた。気がつくと政策論文の生産量は相当な枚数にのぼった。

以上のように数多くの政策論文を発表したが、移民国家構想のような国の姿かたちを変える政策提言をまとめること以上に文責の重いものはない。失敗は絶対に許されない。的を射た問題提起と核心をつく解決策を提案しなければ国民の理解は得られない。政策提言が正しかったかどうかはそのうち歴史が証明する。したがって新国家のグランドデザインを描く設計者にはぬきんでた構想力と時代を見抜く眼力がなければならない。さらに紙に書いたことは必ず実行する強い意志も必要だ。

専門分野がなんであれ、政策の立案とその実行が一番むずかしいことに変わりはない。よほど腹をすえて取り組まなければ天下に恥をさらすことになる。国家と国民に対して負う責任は途方もなく大きい。だから利口な政治家や官僚は国のあり方を決める移民政策の立案には手をつけようとしないのだ。

結局そうなるよう運命づけられていたということなのだろう。千年に一度の移民革命を唱える坂中英徳が、日本の百年の計を立てるラスト・サムライということになった。いまさら天涯孤独の身を嘆いてもしょうがない。とにもかくにも、日本の運命は移民法制に詳しい専門家の手腕にかかることになった。重い責任を一身に背負って前に進むのみである。

行政官時代、前記の著作物を次々発表した。恐れを知らぬにもほどがあるが、いつのまにか政策論文の執筆が習い性となった。創意工夫を凝らしているうちに移民政策を理路整然と語る坂中節が身についいた。二〇〇五年に法務省を退職した後は、移民政策研究所を根城にし、世界最高レベルの移民国家ビジョンを立てるべく理論的研究に専念している。

移民政策研究所の所長の一〇年は移民政策の立案に専従し、前述の一連の著作を毎年のように出版した(3)「移民政策研究所所長の一〇年」参照)。二〇一四年の一〇月に発行した『新版日本型移民国家への道』において坂中移民国家論を余すところなく展開した。そして二〇一五年五月、友人諸氏が集まってこの本の出版記念会を開いてくれた。

デビューから四〇年を経て、移民政策研究一途の老書生は物書きの端くれとようやく認知されたようだ。もっとも執筆が本業の学究の徒になったからといっても、売れる本とは縁がないので執筆一本で生計を立てることはできない。移民政策の立案が本職のアマチュアの書き手であることに変わりない。移民政策関係の論文しか書けない堅物は文筆業の世界ではしょせん生きていけない人間なのだろう。

(5)無鉄砲な冒険家

わたしは一九七五年の在日朝鮮人政策の立案をもって移民政策論の嚆矢とし、それから今日までの四〇年間、移民政策の立案とその実践の道を歩んだ。誰もが恐れをなしてさわろうとしなかった移民鎖国体制の打破と、日本独自の移民国家像の創作に挑んだ。四面楚歌と一人旅が続く中、自らを叱咤激励して移民国家の根本原理の究明に心血を注いだ。

移民政策一本の道を思い起こすと、政策論文を書き続けることの精神的苦痛は大変なものだったの一言に尽きる。政策の実現に捨て身で立ち向かったときのことは鮮明に記憶している。だが、政策が実現したときの達成感を覚えたことは一度もない。また、学会、政界などから業績が評価されたこともない。よく精神の異状をきたさなかったものだと思う。三〇の時に世間の物議を引き起こす政策論文を発表し、あまたの非難と罵倒を受け、何物も恐れない、社会の評価など気にしない、不撓不屈の精神力が身についたのだろう。

いま、私の人生において一九七五年の坂中論文以来四〇年ぶりにゆったりした気分にひたっている。駆け出しの行政官のときにまるで神業のような移民政策論文を書いたことによる責任の重圧から解放されて心が落ち着いたのだろう。

坂中論文で公言した政策提言の大半が現実のものとなった。土着の日本精神が根底にある日本型移民国家の基礎理論を築いた。日本の人口危機を救う坂中構想の理解者が飛躍的にふえた。そのような新局面を迎えて安心立命の境地に達したのだろう。

自分の実力以上の業績をあげたと思うが、精魂を込めて事に当たれば一念天に通ずるということがあるのだろう。にっちもさっちも行かない困難な状態に追い込まれたときに天が助けてくれた。難局を脱する奇跡が起きて局面が開けた。

運と奇跡が頼りの無鉄砲な冒険家のような職業人生が尋常なものでないことは自分でもわかっている。

綱渡りの連続の役人生活をすごした。行政官の晩年の地方局長時代には、「坂中英徳は一週間以内に交通事故に遇う」「坂中局長は年金がもらえるかな」と脅迫された。「命あっての物種」と、法務省の幹部から言われた。「坂中さんは不器用な生き方を貫いた侍」と、親しい後輩が慰めてくれたのを覚えている。

親の背中を見て育った息子は、「お父さんはできもしない無謀なことを道楽でやっている」と言い放つ。身近で見ていると、見果てぬ夢を追いかけて楽しんでいるようにうつるのかもしれない。自分では現実に即して物事を考えるリアリストだと思うが、私の論文を読んだ友人たちはみな坂中はロマンチストだという。

私の著作物の多くは、政策論文という性質上、ロマンチストの面とリアリストの面の二つの要素を調和させて成立したものである。ロマンチストとして百年先を見通したユートピア計画を立て、リアリストの目で現実を直視し、広い視点から当面する問題の解決策を示した。学者の書いたものと比べると、長期的・理想的に物事をとらえる傾向が強いことを認めるにやぶさかではない。

タブーとの闘争に明け暮れる職業人生だったが、無人の荒野を一人で突き進み、自分の信ずる道を貫いた。単騎で戦いに挑んだが、最終的には時勢の助けもあって政策提言の大部分が実現した。これからも厳しい試練にさらされることに変わりはないが、国歩艱難の折に遇った稀有の経験と筋書きのないドラマが詰まった半生に満足している。

⑹老いて夢がふくらむ人生

七〇になっても大きな夢を持って生きている。日本の新しい国づくりである。日本型移民国家の構想をたて、その実現をめざして奮闘中である。

いま老いて夢がふくらむ人生をエンジョイしている。インスピレーションが次々浮かび、それを移民政策研究所のホームページで紹介する、政策三昧の醍醐味を味わっている。洞察力、構想力、表現力の衰えは感じない。いや、移民をキーワードに人間社会の本質に迫る力は今がピークではないかと思う。

もともと移民国家のアイディアは坂中英徳が抱いた小さな夢にすぎないものだった。ところが、運命のいたずらで、日本の命運は私の夢がかなうかどうかにかかることになった。夢のままで終わらすわけにはいかなくなった。そう、それは日本がめざすべき国家目標になった。

夢の実現に向かって前進あるのみである。死を迎える日まで夢を追いかける。夢を求めて精進すれば、いつかそれが正夢になると信ずる。大きな夢を描けば大きな花が咲くと信ずる。夢をはぐくむ人生は最高である。今も夢が成長している私は至福の時にあるといえるのだろう。

タブーとの厳しい闘いが続いたが、不思議なことに負けいくさは一度も経験していない。いつも勝利の女神がほほえむ幸運に恵まれた。法務省時代、私はよく入国管理局の幹部や同僚から、「自分が論文で提案した政策を実現することができたのだから、君の役人人生は幸せだなあ」と言われた。もしかすると、問題の発見、解決策の提案、勝負どころで決める第六感のすべてを備えた勝負師なのかもしれない。

いま現在取り組んでいる移民国家の建設についても、ここにきて前途を楽観できる状況が見えてきた。さいわい寿命がまだ残っている。夢の実現に全力をつくしなさいという天のはからいなのだろう。

(7)歴史は移民国家に舵を切った

法務省時代・移民政策研究所時代の四五年間、日本人の誰も手を付けようとしなかった移民政策の立案に力の限り努力した。永年の努力の積み重ねが不朽の業績に結実した。移民政策研究の世界的権威が、「新鮮で創造性の豊かなもの」と評価する移民国家理論の完成である。未踏の原野を開拓者魂で突き進めば大きな目標を達成できるという典型だ。

現在は、移民政策研究所の所長の立場から、世界の若人に夢を与える移民国家の樹立を政府と国民に迫っている。移民国家ニッポンが日本文化にあこがれる世界の若者の夢をかき立て、世界のえり抜きの人材が日本に殺到する時代を視野に入れている。

もっとも、私が著作・論文の形で発表した日本型移民政策の提言は、長年、国民の関心を呼ぶことはなかった。日本の歴史はじまって以来の革命的な移民政策を提唱しているのだから、国民の理解を得るのが容易でないことは承知している。

その一方で、私の政策提言に対して違和感を覚えた日本人は多数いると想像するが、理論的反対論も感情的反発もほとんど見られない。各方面から袋だたきにあうと覚悟していたが、さいわいそういう目にあわずにすみそうだ。ヘイトスピーチ団体など移民反対派の活動も、国民の反発を買い、終息の日が近いと見ている。国民的規模での移民反対運動が起きることもないだろう。

そして二〇一六年三月のいま現在。昨年中に起きた移民政策を強力におしすすめる数々の動きから判断すると、移民国家議論の帰趨が明らかになったといえる。たとえば、国民の五一％が移民の受け入れに賛成の朝日新聞の世論調査。二〇代の若者の五〇％が移民の受け入れに賛成の読売新聞の世論調査。移民開放を国に求める榊原定征経団連会長の画期的発言。消滅の危機にある地方事情に詳しい石破茂地方創生相の移民政策推進発言。そして、安倍晋三内閣が打ち出した未来構想・「一億総活躍社会プラン」など。

安倍政権が五〇年後の一億の人口の確保を国家目標に掲げたので、「五〇年間で一〇〇〇万人の移民を受け入れて一億の人口を維持する」という坂中構想について国民的コンセンサスが成立する日は近いと予想する。なぜなら、約四〇〇〇万人の人口の自然減が見込まれている日本の将来推計人口に照らして考えると、五〇年後の一億総活躍社会とは、一〇〇〇万の移民を含む、一億の国民が総活躍する社会にほかならないからだ。

最後の追い込みの筆を走らせている最中ビッグニュースが飛び込んできた。自民党は二〇一六年三月、「労働力の確保に関する特命委員会」（委員長・木村義雄参議院議員）を立ち上げ、移民に関する議論を本格化させるという(二〇一六年三月三日のロイター通信)。

歴史は移民国家に舵を切った。長いトンネルを抜け、ミスターイミグレーションの時代の足音が聞こえる。

(8)移民国家の産みの親

四五年の職業人生を振り返ると、実に多くの別名をもらったことに驚く。一九七五年の『今後の出入国管理行政のあり方について』という表題の論文が「坂中論文」と呼称されたことに始まり、「救世主」「移民政策のオピニオンリーダー」「坂中論文を書いた伝説の人」「アンタッチャブルな役人」など、数々の通称あるいは形容詞をつけられた。

それら以外にも、二〇〇五年に出た『入管戦記』という本の帯で「ミスター入管」「反骨の官僚」と呼ばれた。二〇〇九年一月のワシントン・ポストは革命的な移民政策を唱える坂中英徳を「移民政策のエキスパート」と報道した。また、二〇一二年一〇月の『ジャパンタイムズ』は「移民が日本を救う」という表題の記事において「移民革命の先導者」と内外に紹介した。

二〇一四年五月、日本外国特派員協会において「日本の移民国家ビジョン」のタイトルでスピーチした際に、同協会幹部が「坂中英徳氏は日本の『Mr.Immigration』として知られている」と世界に紹介した。

物議を醸すような移民政策論文を数多く発表した実績と、反骨の官僚時代の数々の武勇伝がものを言って、多くの形容詞がつけられたのだろう。名誉の勲章としてありがたく頂戴する。

いくつもの顔を持っていることは私の強みである。これは移民国家への道の先導役をはたすうえで強力な武器になると考えている。たとえば、移民一〇〇〇万人構想は、「霞ヶ関の異端者」が立案した移民国家大綱ということで、政府高官の間に支持が広がっているのだと思う。

私の大望を一ついわせてもらえば、日本を移民国家に導いた実績が認められ、五〇年後の移民の子孫から「移民国家の産みの親」と呼ばれることである。

(9)新生日本の象徴的存在

平成の日本は、国家の急を救う革命家を緊急に必要としている。だが、百年先を見通した戦略的思考で日本の未来構想を立てる人物がいないのだ。

しかし、当代の日本人のなかに革命家がいないとあきらめるのは早い。ここに日本再建を企図して移民国家基本計画を立てた日本人がいる。世界一の移民国家の樹立を目標に掲げる日本人がいる。世界が日本の救世主と認めた移民革命の先導者がいる。

さて、二〇一四年二月一三日の安倍晋三首相の国会答弁（移民の受け入れに関する国民的議論の必要性を強調）

をもって、わたしが提案する「移民五〇年間一〇〇〇万人」のアイディアが危険思想視される時代は終わった。その何よりのあかしがある。安倍首相の国会答弁があった直後の同年二月二四日、機を見るに敏の内閣府の官僚たちが「移民一〇〇年間二〇〇〇万人」の国家百年の計画を発表した。

天下の情勢は移民国家の方向に針路をとった。移民国家への道を切り開いた先駆者として、移民歓迎の方向に国民を牽引する責任の重さを痛感している。一方で、移民革命の先導者として、移民法制の整備などひとりでは背負いきれないほどのミッションを完遂できるか、各方面からの批判に対して初志を貫けるか、艱難と辛苦に耐える気力が残っているかなど心配の種はつきない。

日本の生死がかかる大業を何が何でもやり遂げなければならない正念場を迎えたというのに、これから何をなすべきか、どう生きるべきかについて、ああでもないこうでもないと自問自答する毎日である。

そもそも歴史的な仕事をする人間の器でないことは百も承知だ。英傑でも権力者でもない。移民政策学をきわめたことが取り柄の元国家公務員にすぎない。今は民間のシンクタンク「移民政策研究所」の所長として移民国家日本の将来のあり方について思索にふける日を過ごしている。研究成果を移民政策研究所のホームページに投稿し、それをまとめて一冊の本にするのが何よりも楽しみの書斎の人である。

年をとって穏やかな人柄になった。かつての反骨の官僚の面影はない。政策を推進する力と難関を突破する力の衰えは否めない。そんな老体の身で晩節を全うできるのだろうか。国家国民の期待にこたえられるのだろうか。この数年、以上のようなことを考えて一人で悩んでいる。

心のうちを語るのは気が引けるが、移民国家の産みの親としてははずかしくない人間になりたいと思う。私の理想とする人物像は修羅の妄執を超越した達観の士である。

それは宮本武蔵のような剣の達人が晩年に達した心境である。剣を抜いて闘うことをやめ、ただそこにいるだけで古武士の風格が漂う人だ。これを要するに、移民国家日本の創始者にふさわしい人間になること、新生日本の象徴的存在になることだと理解する。そういう無位無官の人として最期を迎えることができれば本望である。

(10)世界の頂点に立つ移民国家を夢見る

老年に達して何事も運命として受け入れる心境になった。人口崩壊と国家崩壊の二重危機に遭遇した祖国を救う大義に殉ずる決意を固めるとともに、坂中構想の先途を思うことしきりである。そのときいつも天命を知り天職に従事するという幸運を独り占めする人生があっていいものかと思案に暮れる。私はいい事ずくめのハッピーエンドの人生などあり得ないという人生観を持っている。

日本の国運をひらく日を前にして、移民国家の創建のような歴史的大事業を成し遂げるには、最後の最後まで難問と格闘しなければならないという歴史の教訓をかみしめている。産みの苦しみが待っているにちがいない。どんな難関が待ち受けているかしれない。想像を絶するプレッシャーが我が身におそいかかるだろう。移民に消極的な姿勢の政治の壁を突き破れるか。孤高の闘いが続く中、精根尽き果て、世界の先頭をゆく移民国家をつくる壮図はむなしく挫折するのではないか。眠れない夜、そんな不安が押し寄せてきて心をよぎる。

するとすぐに弱気の虫を打ち消す強気の顔が出て、この期に及んであれこれ心配してもしょうがないと気力をふるい立たせる。そのときには、当代の日本人の誰かが移民国家体制を確立しなければ、「平成の日本人が日本を二流国家にした」と五〇年後の日本人から叱責されるのではないか、そんな脅迫観念にとらわれる。

心の葛藤はそう簡単にはおさまらないが、わたしは生来の楽天家である。慎重居士ではなく果敢の士である。まさにいまが坂中英徳の真価の問われる時であると判断し、日本国の危機を救うのは天命であると自分に言い聞かせ、日本の救世主としての責任を一身に引き受けることを誓う。以下に今後の行動指針を心にしるす。移民国家の王道を行くためである。

多くの人との出会いがあり、多くの人の協力があって今の自分があることを忘れず、移民国家の産みの親としての義務を果たす。

移民立国への道の先駆者の立場を自覚し、天から授かった使命をまっとうする。厳しい局面を迎えても決して逃げず、移民革命の最前線に立つ。

天は移民政策に味方すると信じ、天の時を待つ。世界の誰よりも広い心を持つ日本人は移民をこころよく迎えると信ずる。

一〇〇年後の日本人は人口崩壊の危機を乗り越え、世界の手本となる移民国家の創立に向かって勇んで前進していると想像をたくましくする。

以上、世界の頂点に立つ移民国家の創造を夢見る人生について語った。心の中にあるものを残らず吐き出した。移民国家の立案の経緯をつづった記録として将来に伝えるべき事柄をすべて書き終えてほっとした。移民政策の立案者の責任を果たして感無量である。新国家の建設という大業に挑戦して頂上の近くまでよくたどりついたものだと感慨を覚える。いま望むことは移民国家の無事の誕生である。移民国家ニッポンの飛躍的発展である。

『日本型移民国家の創造』と題した本書は、移民国家の道を開いた日本人の自叙伝である。激動の地球時代に生きる日本人への建白書である。独学で移民政策学を修めた学徒の卒業論文である。日本と世界の存亡をかけて人類史的課題に挑んだ坂中英徳の一世一代の作である。

なお、移民政策の立案過程の体験的記録としてのちのち活用されることを念頭において正確を期した。移民政策関連の歴史的事実、並びに坂中の認識、見解及び将来展望をストレートに表現した。

この移民政策論集は、生涯をかけて積み上げた知的財産の全部を投入して成ったものである。これをもって四〇年の論文人生は終焉を迎える。論文一路の人生を振り返ると、わけても移民鎖国体制の打破が主題の著作をあらわすに当たっては、これさえ書き上げればいつ死んでもいいと思って世に出した。今回の新著も全身全霊をうちこんで完成にこぎつけた。たとえ当世に志を得なくとも、移民革命が成らずして天命が尽きても、新しい時代を開くため万感の思いをこめて筆を執ったこの書が、歴史の風雪に耐え、移民政策論の古典として読み継がれることになれば、これ以上に幸福な人生はない。

二一世紀初頭の日本人が打ち立てた世界平和思想が人類の課題として取り上げられる近未来を想像すると心がはずむ。日本の革命家の頭に天啓のごとくひらめいた人類共同体構想について国の内外で論争が繰り広げられることを祈って筆をおく。

資　料

日本の人口の推移・見通し

■ 労働人口（15～64才）は減少の一途をたどる見通し。

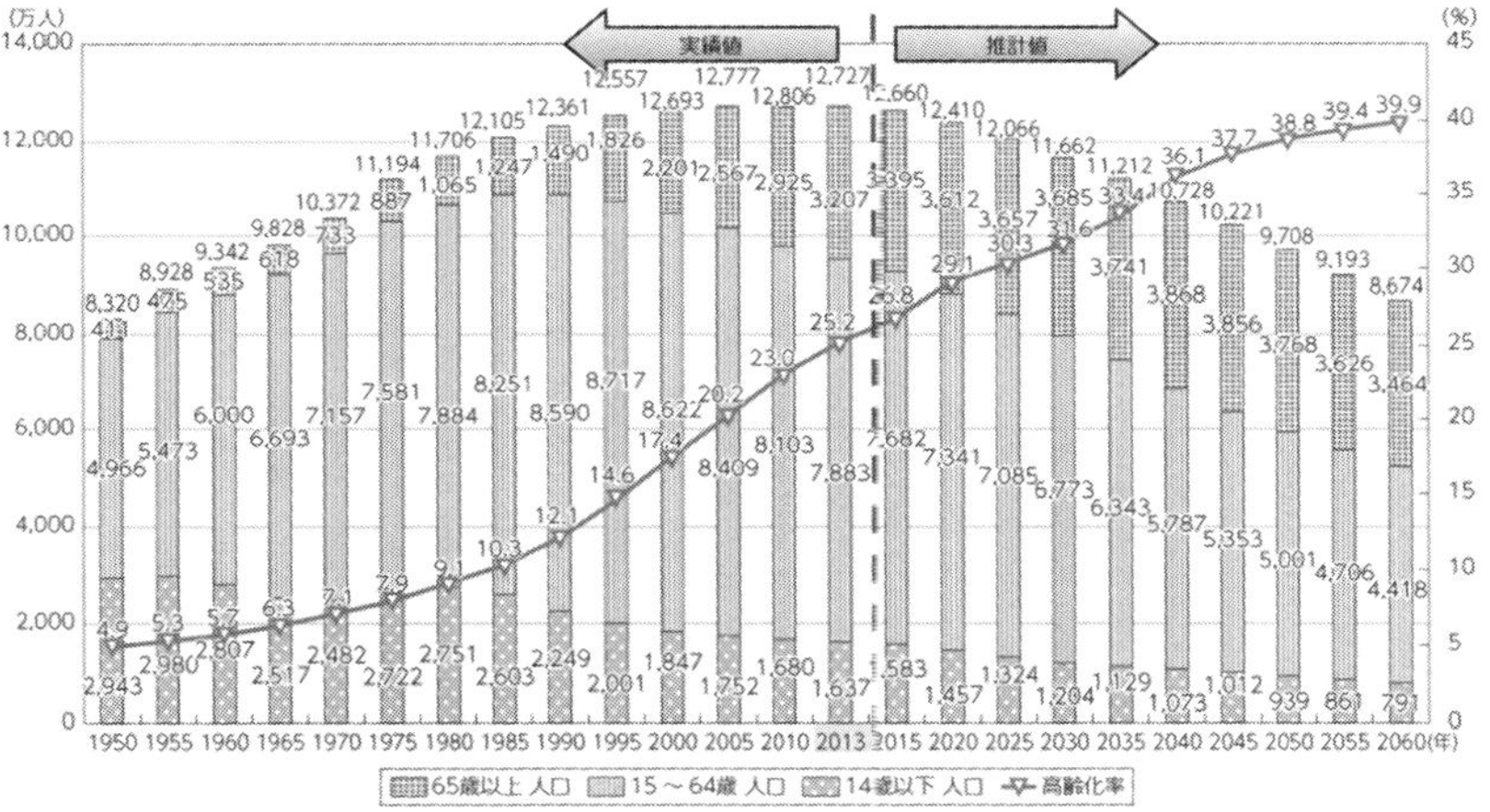

（出所）総務省統計局

婚姻件数と婚姻率

■ 未婚化、晩婚化が進んでおり、出生率、出産数に影響。

【婚姻件数と婚姻率と推移】

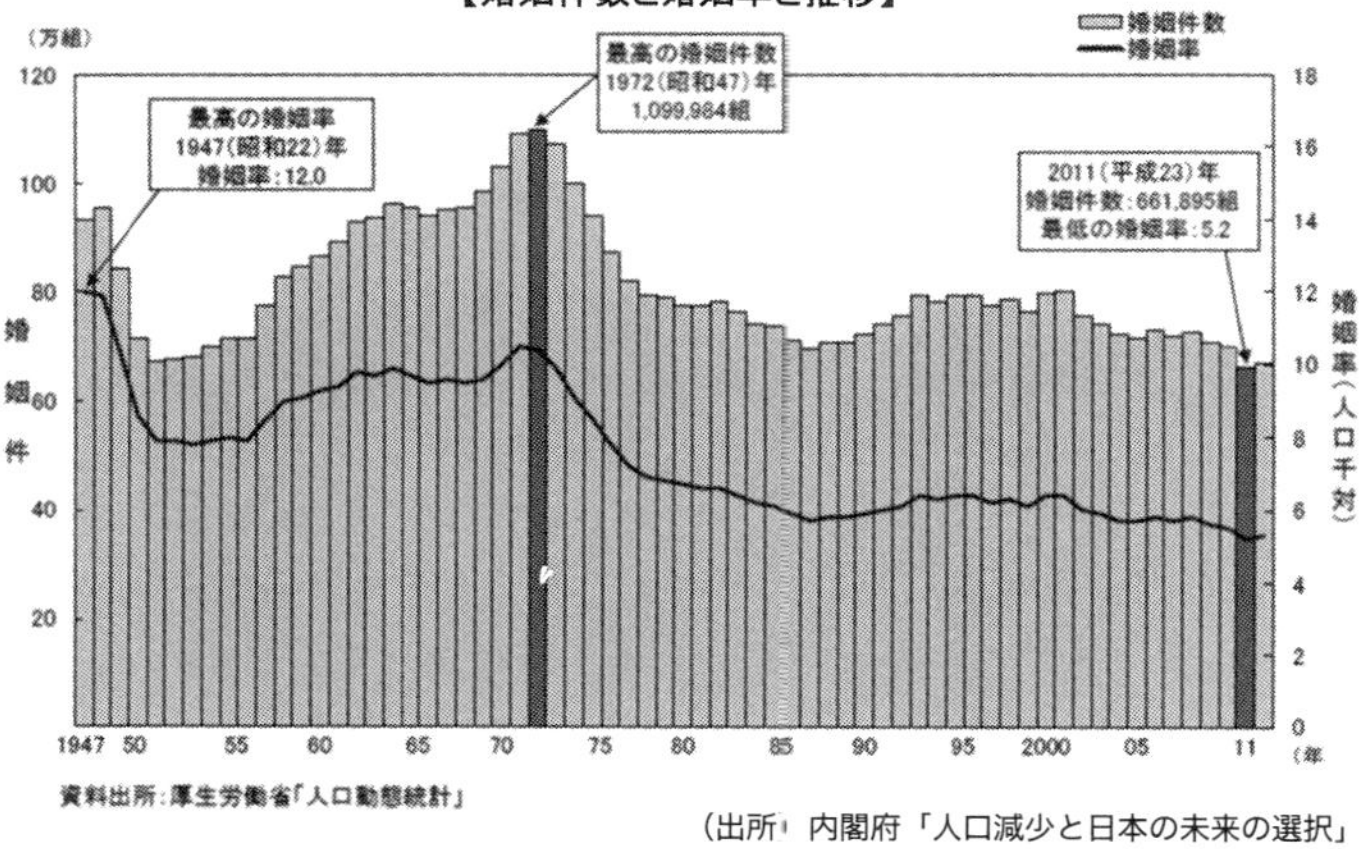

（出所）内閣府「人口減少と日本の未来の選択」

出生率と出生数

■ 近年出生率は若干上昇しているが、出産する女性の人口規模が減少しているため、出生数は減少。

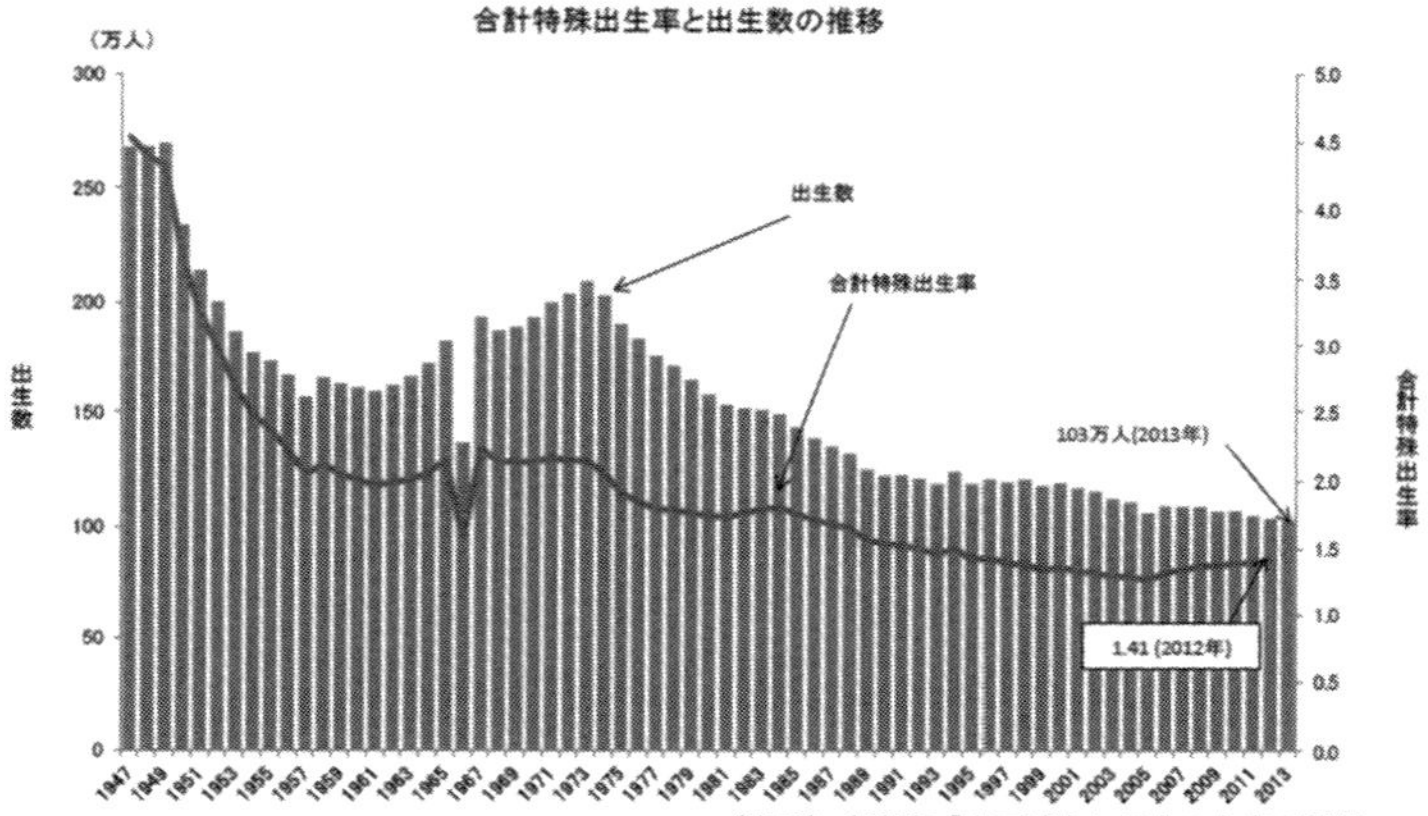

（出所）内閣府「人口減少と日本の未来の選択」

人口減少下の選択肢　・・・　たとえば「移民100年間2000万人」

■ 人口減少下において、“選択”が迫られている。

【選択の視点（内閣府）】

分野	現状	選択の視点		
人口	人口減少・高齢化の進展	長期的な人口減少を許容	8千～9千万人規模の維持	1億人超を目指す
経済成長	長期的な停滞	一人当たりGDP・GNIを重視	GDP・GNI全体を重視	
世界経済における日本	産業空洞化	新しい産業が育っていない国（金融資産、サービス業で食いつなぐ？）	新しい産業が育って成長を支える国	
	日本の経済シェアの低下 新興国の台頭	極東の静かな国	国際社会で活躍し、ヒト・モノ・カネ・情報の集まる国	
国際競争力	生産性の低迷 交易条件の悪化	コスト削減重視による生産性向上	付加価値重視による生産性向上 交易条件改善	
社会保障	中福祉低負担	低福祉低負担	中福祉中負担	高福祉高負担
	高齢者中心の資源配分	高齢者を重視	「元気な高齢者」を増やし、資源配分の重点を子どもへ	
教育	グローバル人材の不足	平均的な学力の引上げ重視	プレイヤーになれる人材の育成重視	
雇用	無限定正社員・男性中心 非正規雇用の増加（労働市場の二極化）	無限定正社員が中心 長時間労働の恒常化	ジョブ型労働市場中心 性別・年齢に関係なく労働参加 ワークライフバランス重視	
地域政策	東京への人口流入継続 地方の人口減少・高齢化	市場に任せた緩やかな衰退	人口減少に応じた地方の縮小・撤退	地方から東京への人口流出抑制
外国人	高度人材の受入れ 外国人技能実習制度の活用	高度人材の受入れ拡大	技能者、技術者中心に移民受入れ（例えば、年間20万人）	

（出所）内閣府「人口減少と日本の未来の選択」

米国の出生率:移民の効果

■ ヒスパニック系を中心とした移民が米国人全体の出生率を引き上げている。

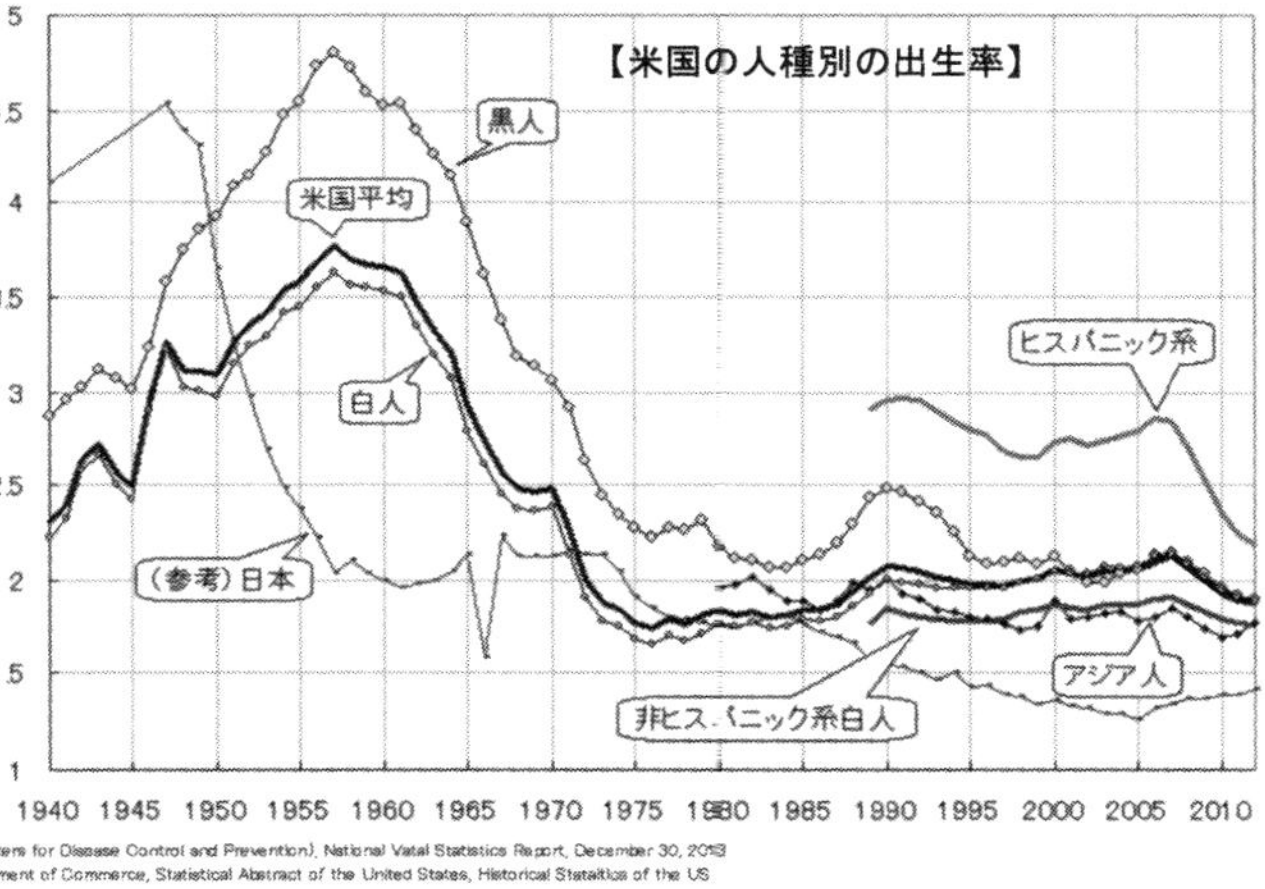

(出所) 社会実績データ図録

ドイツ: 移民の教育と就職支援をめぐる展開

■ ドイツの全体人口の13.3%が移民(2012年)であり、
「移民の背景をもつ人(二世など)」は全体の約20%を占める。

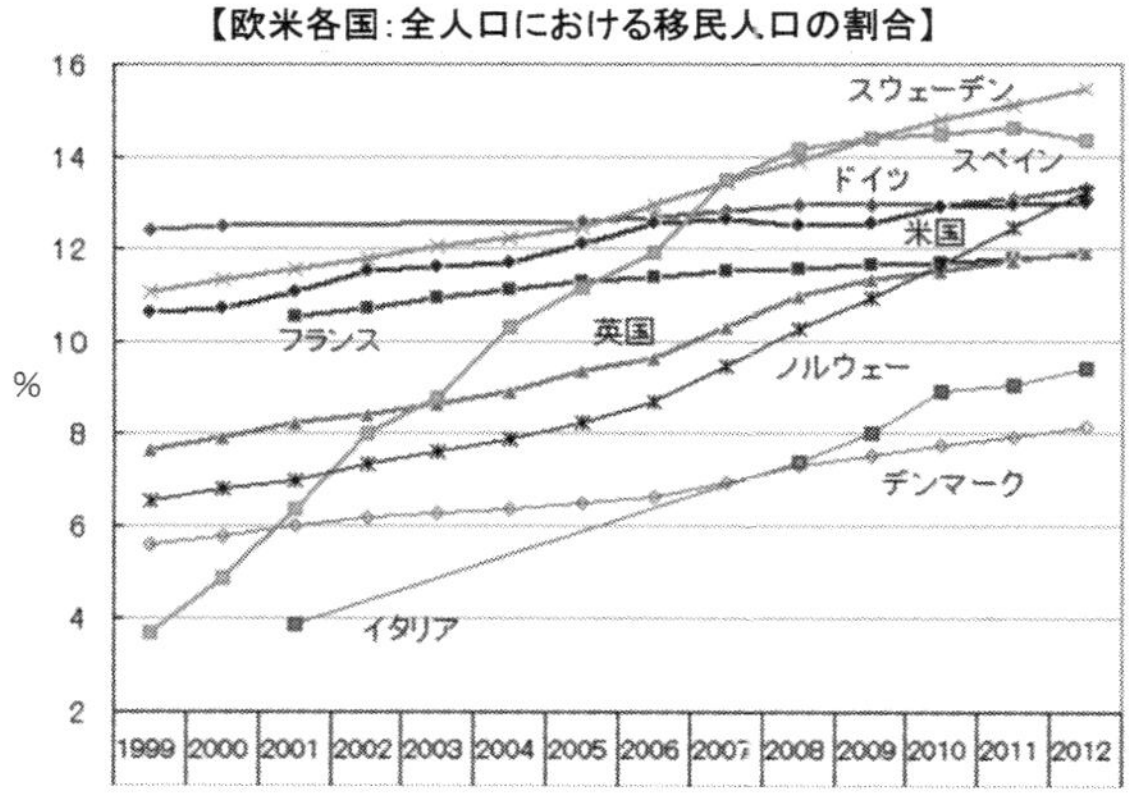

(出所) 社会実績データ図録

合計特殊出生率の国際比較

■ **1990**年頃からは、出生率の動きは国によって特有の動きをみせ、ここ数年は移民国家の中に回復する国もみられる。移民鎖国の日本は低水準が続く。

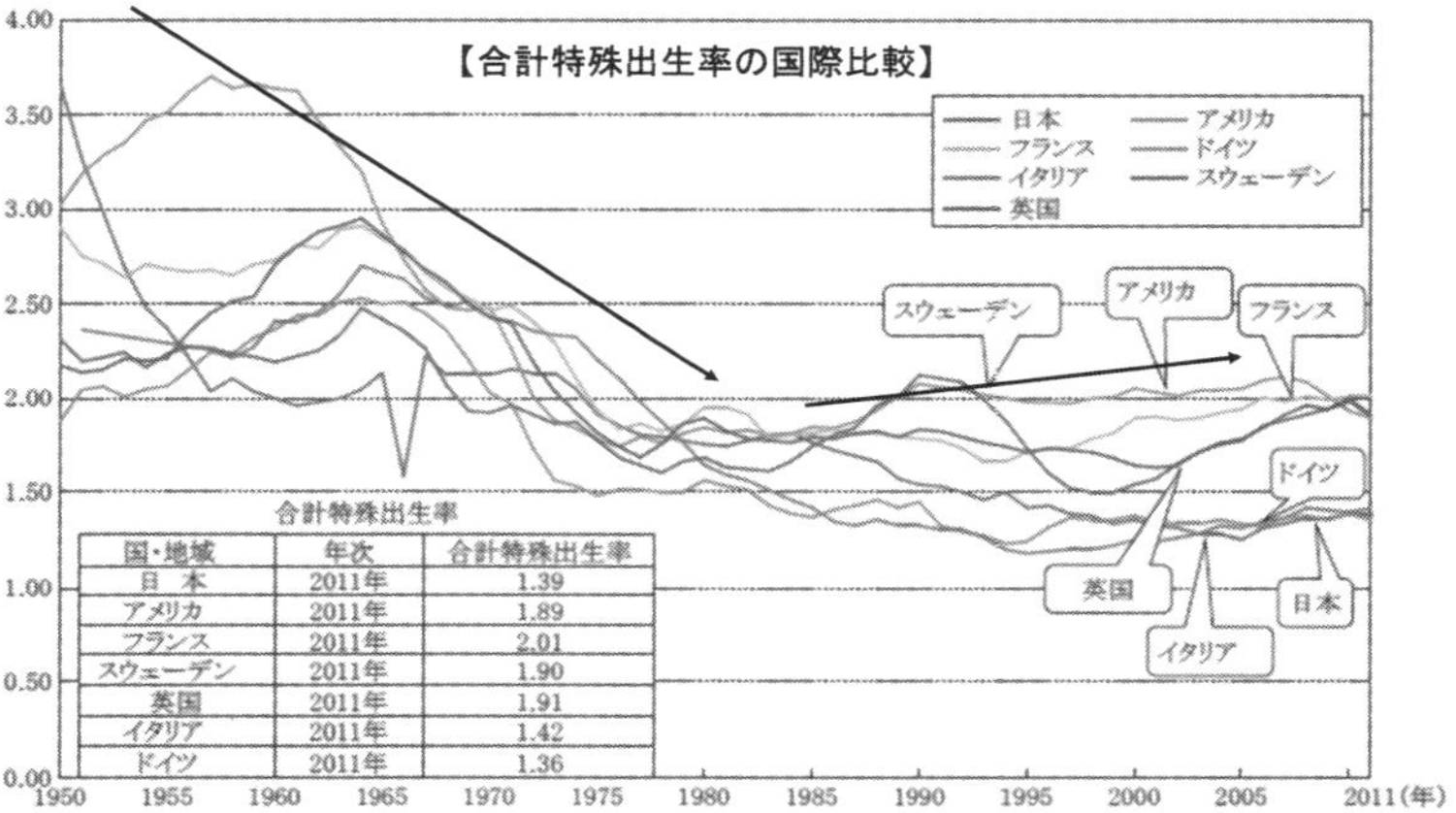

国・地域	年次	合計特殊出生率
日　本	2011年	1.39
アメリカ	2011年	1.89
フランス	2011年	2.01
スウェーデン	2011年	1.90
英国	2011年	1.91
イタリア	2011年	1.42
ドイツ	2011年	1.36

(出所)平成26年度　少子化社会対策白書(内閣府)

著者紹介

坂中　英徳（さかなか　ひでのり）

■経歴

1945年生まれ。1970年、慶応義塾大学大学院法学研究科修士課程終了。同年法務省入省。東京入国管理局長などを歴任し、2005年3月退職。同年8月に外国人政策研究所（現在の移民政策研究所）を設立。法務省在職時から現在まで、人口減少社会の移民政策のあり方など一貫して移民政策の立案と取り組む。近年、50年間で1000万人の移民を受け入れる「日本型移民国家構想」を提唱している。現在、一般社団法人移民政策研究所所長。

■主要著書

『今後の出入国管理行政のあり方について』（日本加除出版、1989）
『出入国管理及び難民認定法逐条解説（改訂第四版）』（共著、日本加除出版、2012、）
『日本の外国人政策の構想』（日本加除出版、2001）
『入管戦記』（講談社、2005）
『日本型移民国家の構想』（移民政策研究所、2009）
『人口崩壊と移民革命』（日本加除出版、2012）
『新版 日本型移民国家への道』（東信堂、2014）
『Japan as a Nation for Immigrants』（移民政策研究所、2015）

日本型移民国家の創造

2016年4月30日　　初版第1刷発行　　〔検印省略〕

定価はカバーに表示してあります。

印刷・製本／中央精版印刷

東京都文京区向丘1-20-6　　郵便振替 00110-6-37828
〒113-0023　TEL (03) 3818-5521　FAX (03) 3818-5514

発行所　株式会社 東信堂

Published by TOSHINDO PUBLISHING CO., LTD.
1-20-6, Mukougaoka, Bunkyo-ku, Tokyo, 113-0023, Japan
E-mail : tk203444@fsinet.or.jp　http://www.toshindo-pub.com

ISBN978-4-7989-1366-7 C1031

東信堂

宰相の羅針盤 総理がなすべき政策	村上誠一郎 ＋21世紀戦略研究室	一六〇〇円
福島原発の真実 このままでは永遠に収束しない ―（改訂版）日本よ、浮上せよ！	村上誠一郎 ＋原発対策国民会議	二〇〇〇円
3・11本当は何が起こったか：巨大津波と福島原発 ―まだ遅くない――原子炉を「冷温密封」する！	丸山茂徳監修	一七一四円
21世紀地球寒冷化と国際変動予測 ―科学の最前線を教材にした暁星国際学園「ヨハネ研究の森コース」の教育実践	丸山茂徳 著 吉田勝 訳	一六〇〇円
2008年アメリカ大統領選挙 ―オバマの勝利は何を意味するのか	吉野孝 前嶋和弘 編著	二〇〇〇円
オバマ政権はアメリカをどのように変えたのか ―支持連合・政策成果・中間選挙	吉野孝 前嶋和弘 編著	二六〇〇円
オバマ政権と過渡期のアメリカ社会 ―選挙、政党、制度メディア、対外援助	吉野孝 前嶋和弘 編著	二四〇〇円
オバマ後のアメリカ政治 ―二〇一二年大統領選挙と分断された政治の行方	吉野孝 前嶋和弘 編著	二五〇〇円
ホワイトハウスの広報戦略 ―大統領のメッセージを国民に伝えるために	M・J・クマー 吉牟田剛 訳	二八〇〇円
「帝国」の国際政治学―冷戦後の国際システムとアメリカ	山本吉宣	四七〇〇円
アメリカの介入政策と米州秩序 ―複雑システムとしての国際政治	草野大希	五四〇〇円
国際開発協力の政治過程 ―国際規範の制度化とアメリカ対外援助政策の変容	小川裕子	四〇〇〇円
北極海のガバナンス	奥脇直也 城山英明 編著	三六〇〇円
政治学入門	内田満	一八〇〇円
政治の品位―日本政治の新しい夜明けはいつ来るか	内田満	二〇〇〇円
日本型移民国家の創造	坂中英徳	二四〇〇円
新版 日本型移民国家への道	坂中英徳	二四〇〇円
戦争と国際人道法―その歴史と赤十字のあゆみ	井上忠男	二四〇〇円
新版 世界と日本の赤十字 ―世界最大の人道支援機関の活動	森正尚 桝居孝	二四〇〇円
解説 赤十字の基本原則―人道機関の理念と行動規範〔第2版〕	J・ピクテ 井上忠男 訳	一〇〇〇円
赤十字標章の歴史 ―人道のシンボルをめぐる国家の攻防	F・ブニョン 井上忠男 訳	一六〇〇円

〒 113-0023 東京都文京区向丘 1-20-6　TEL 03-3818-5521　FAX03-3818-5514☒ 振替 00110-6-37828
Email tk203444@fsinet.or.jp　URL:http://www.toshindo-pub.com/
※定価：表示価格（本体）＋税